静思语

第一·二·三集

释证严 著

证严上人，台湾著名宗教家、慈善家，是慈济基金会的创始人与领导人，开创慈济世界，含括“慈善”“医疗”“教育”“人文”四大志业。二〇一〇年，被台湾民众推选为“最受信赖的人”。

一九三七年，出生于台湾台中的清水镇。
一九六三年，依印顺导师为亲教师出家。师训“为佛教，为众生”，奉持不懈。
一九六六年，创办佛教克难慈济功德会。
一九六六年以后的数十年来，
慈济世界在上人慈悲呵护下，一步一步，坚实地茁壮；
如今遍布全球的慈济人，出现在全世界许许多多有灾难与苦痛的地方，
亲手拔除人们的苦与痛，秉慈运悲行于菩萨道，
同心实践证严上人三愿：人心净化，社会祥和，天下无灾难。

曾获颁——
二〇一四年国际扶轮社“最高荣誉奖”，肯定证严上人对于人道主义精神与世界和平的贡献
二〇一一年美国《时代》杂志评选为“年度全球百大最具影响力人物”
二〇〇九年国际慈善论坛“国际慈善功德人物奖”
二〇〇八年世界佛教友谊会“全球佛教贡献奖”
二〇〇七年日本庭野和平基金会“庭野和平奖”
二〇〇四年加州美国亚裔联盟“亚美人道关怀奖”等众多国际性荣誉。

证严上人

编者言

释德傅

今慈济已迈入四十三年，证严上人以“静思勤行道，慈济人间路”立宗门，数百万会众投入慈济场域，将“佛法生活化，菩萨人间化”的理念，以内修“诚正信实”，外行“慈悲喜舍”身体力行实践于生活中，不但影响家庭，也在社会上形成善的循环。

慈济人如何修身、修心？ 上人如何教导弟子？ 何以在急难处能迅速动员，发挥如千手观音般的肤慰与爱的力量？

上人的思想实是慈济人拳拳服膺的根源，其平实浅白的话语，不但融会佛法，更是上人体现佛法的珠玑，同时也指引诸多深陷迷途或烦恼的人，开启生命美善与希望的门窗。

自一九八九年《静思语》第一集出版迄今已二十年，期间发行了英文版、日文版、德文版、印尼文版等，不但跨越宗教的藩篱，也让不同的种族从中与生命对话，启发爱心与善念。在教育方面，引用为教材，培育学童端严心性与品格，其成果深获教育界的肯定。

时值《静思语》出版二十周年的殊胜时日，精选《静思语》第一、二集，与新著第三集汇编成精装《典藏版》，期续发挥大用之用；在此，我们也要向精心汇编第一集《静思语》的已故主编高信疆先生，致最深的感恩与缅怀；他曾于第一集《编辑缘起》一文中写道："期待它的印行，不仅可作为慈济人的觉行指南，也可提供有缘的社会朋友，一部挚切可行的生活辞典。深盼能让更多人分享法师的智慧、慈悲和容忍，也分享那成就了无数慈济志业的巨大力量。"这正是《静思语》辑录者的共同心愿。

二十年，就人的生命周期而言，正值黄金岁月，上人尝言："人生（身）没有所有权，只有使用权"，此书的发行，在读好书之余，能将此中智慧法语在人人生命中转为醍醐，慧命因利他而增长。

目 录

【第三集】

第一集【第一篇】

说时间

——现在就是最好的时机

每一天都是做人的开始，每一个时刻都是自己的警惕。

时间可以造就人格，可以成就事业，也可以储积功德。

一个人在世间做了多少事，就等于寿命有多长。因此，必须与时日竞争，切莫使时日空过。

人生要为善竞争，分秒必争。

常在什么都可以自由自在的时候，却被这种随心所欲的自由蒙蔽，虚掷时光而毫无觉知。

时间对一个有智慧的人而言，就如钻石般珍贵；但对愚人来说，却像是一把泥土，一点价值也没有。

间寿命因为短暂，才更显得珍贵。难得来一趟人间，应问是否为人间发挥了自己的良能，而不要一味求长寿。

善要及时，功德要持续。如烧开水一般，未烧开之前千万不要停熄火候，否则重来就太费事了。

时间消逝，花了许多心血，想尽各式方法要遮挡时间，结果是：浪费了更多时间，且一无所成！

都迷于寻找奇迹，因而停滞不前；纵使时间再多、路再长，也了无用处，终无所得。

个人几十年的生命，真正做人做事的时间实在很少，再勤劳的人也只做了三分之一而已。

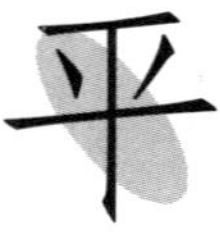

常无所事事，让时间空过，人生就会在懈怠、睡眠中慢慢地堕落，良知良能也就这样睡了一辈子——如此的生命，只能叫做“睡中人”。

智慧探讨人生真义，用毅力安排人生时间。

人与凡夫的境界，最大的差异在于圣人可以自我掌握时空。

命非常短暂，所以要加紧脚步快速前进，不可拖泥带水；切勿前脚已经落地了，后脚还不肯放开。“前脚走，后脚放”意即：昨天的事就让它过去，把心神专注于今天该做的事。

直停滞在昨天、过去，就会产生杂念和执著顾恋之心。人一旦时时刻刻回忆往事，便会痛苦、怨恨、瞋怒、不甘心。

来的是妄想，过去的是杂念。要保护此时此刻的爱心，谨守自己当下的本分。

生不一定球球是好球，但是有历练的强打者，随时都可以挥棒。

【第二篇】

点燃我们的心灯

——如月·如镜·如水

心要像明月一样，有水就有月；心也要像天空一样，云开见青天。

用宁静的心态，观大地众生相，听大地众生声。

心如明镜。虽然外在景物不断转变，但镜面却不转动，此即境转而心不转。若心随境动转不息，则人我是非皆成昏扰，不能自已。

镜子，是用来鉴照物体影像的；但必须镜、物相离，方能清澈映照。若物体贴镜或尘封镜面，即使景物在前，亦难清楚映照。

人心如一面镜子，照山是山，照水是水；因尘世懵懂，浮尘所染而面目全非。

有人点灯求光明，其实真正的光明在我们心里。佛前的灯不必刻意去点，要紧的是点燃我们的心灯。

人之“心思”如镜。欲求得智慧、明辨事理，必须远离人我是非烦恼，此即“当局者迷，旁观者清”的道理。

人的心念意境，如能时常保持开朗清明，则展现于周遭的环境，都将是美而善的。

心要像水一样，看似绵软柔弱，却涵力源源，不能切断。

的心地就像一亩田，若没有播下好的种子，也长不出好的果实来。

堂和地狱，都是由心和行为所造作。我们不要怕地狱，要怕的是心的偏向。

无邪思，意无邪念，则常自在；心正邪不侵。

时好心就是时时好日；心中时时保持正念，任何时间、方位都是吉祥的。

志若能守持于道，必能精深博大；否则，即使透彻千经万论，亦如空花水月，一事无成。

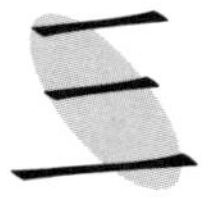

心二意无定性，四处徘徊不专精，尽管条条道路通长安，却永远无法到达终点！

心的散乱有两种：一是昏沉，一是浮动。

沉是糊里糊涂空过时日，无所事事涣散体力，懈怠、懒惰、昏睡、不肯精进。

动是心念不定、见异思迁、摇摆不止、浮沉、动荡、放逸、无法安静。

要用心，不要操心、烦心。

生都有心病，拥有的人烦恼“失”，没有的人忧虑“得”；患得患失，即成忧愁。

身体的病较好治疗，怕的是心病；有了心病，行、住、坐、卧都不得安宁，浑身不得自在，甚而吃不下、睡不着……

以佛心看人，周遭遍地人人皆是佛；以鬼心看人，则处处都是狰狞的鬼影。

身若一无所有，则心一无挂碍——没有得失的牵绊、没有物质的积累，心灵自然没有挂碍。这是圣者安住的境界，也是学佛者所求的境界。

所谓凡夫心，即有过去、现在、未来之分别心。

凡夫就是喜欢追求神奇鬼怪，心才会乱。其实修心很简单，只要“断贪”——哪一个人心乱不是为了贪？

【第三篇】

关于慈悲

——伤在他的身·痛在我的心

悲即是同情心。能互相宽谅、容忍，表现一份宽心、爱心，即是悲心。最幸福的人生，就是能宽容与悲悯一切众生的人生。

没有数字的代价，即为“无量”。不辞劳苦的付出，便是“大慈悲”。付出劳力又服务得很欢喜，便叫做“喜舍”。

悲喜舍这四个字，分开而言：慈喜是予乐，是教富；而悲舍是拔苦，是济贫。

就是爱，是清净的大爱。

“缘大慈”，是指没有污染的爱：他与我虽然非亲非故，而我却能爱他；爱得他快乐，我也没烦恼，这就是清净的大爱。

生虽与我非亲非故，但是他的苦就是我的苦，他的痛就是我的痛。苦在他的身，忧在我的心；伤在他的身，痛在我的心。这就是“同体大悲”。

悲与愿力是理论，服务众生的工作是实质的表现。我们要把无形的慈悲化为有形、坚固、永远的工作。

慈悲形象化，付诸具体的行动。

慈悲是救世的泉源，但无智不成大悲。有智慧才能发挥无穷的毅力与慈悲，此即佛法中的“悲智双运”。

真正的妙法是：以智慧流露出来的方法；真正的慈悲是：以智慧的力量去推动济世志业的心愿。

能救人的人就叫做菩萨。把握一日的付出，即是一日的菩萨。

【第四篇】

开启「智慧」，播「善」种

——清净的莲花

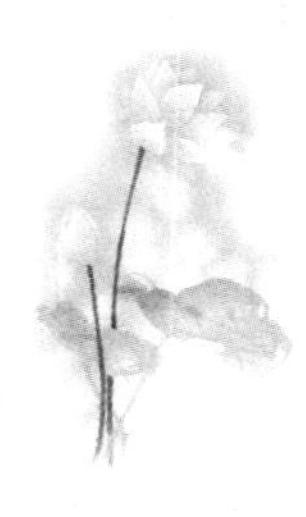

每个人的心中都有一朵清净的莲花，都有无量的智慧——把良知、良能启发出来，则福慧果报无量！

佛陀在人间，无非是要教导众生自觉与佛同等的智慧，也要教导众生与佛有同样的自性，都能修持慈悲与智慧。

有智慧的人，即是觉悟后的有情众生。

心有定力，智慧自然产生。人常为外境所影响，即是定力不够，学佛即是要学定。"定"用现代语讲，就是庄敬自强。

明不一定有智慧，但是智慧一定包括聪明；聪明只是一种计量利弊得失的能力，贪婪诡诈也是聪明的象征。

聪明的人得失心重，有智慧的人则勇于舍得。

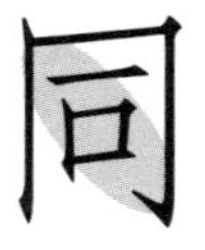

样一个“得”字，有“舍得”，也有“得失”，两种心境完全不同。有智慧的人能舍，能“舍”就能“得”，得到无限的快乐；不能“舍”的人就会有“失”，失去心境的安宁。

经一事，不长一智。智慧是从人与事之间磨练出来的，若逃避现实，离开人与事，便无从产生智慧。

能付出爱心就是福，能消除烦恼就是慧。

智慧与烦恼，好像手心与手背。其实二者都在同一只手上，但手背无法拿东西，若反过来用手心，则双手万能。

善是利益，恶是损害。一念之非即种恶因，一念之是即得善果。

做好事并不是为求名，也不是为求功德。抱着“尽本分”的心去做好事，才是真正的好事，才是至诚无私的善事。

【第五篇】

迈入人格升华的境界

——无染的爱

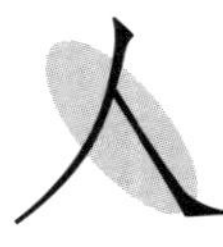
人生什么最有价值？就是爱。把牺牲当作享受，能够付出爱心的人，永远都很快乐，而且活得有意义。

有力量去爱人或被爱的人都是幸福的人。

不要封闭自己。你要先去爱别人，别人才会爱你。

人要自爱，才能爱普天下的人。

人退一步，爱人宽一寸，在人生道中就会活得很快乐。

能以爱待人、以慈对人，就不会惹祸伤身。所以做人应该吃点亏，做个大智若愚的人。

气愤的心境转换为柔和，把柔和的心境再转换为爱，如此，这个世界将日益完美。

施不是有钱人的专利品，而是一分虔诚的爱心。

绝不能夹杂着烦恼，因为有烦恼就会有污染。

要培养一份清净无染的爱。在感情上不要有得失心，不要想回收，就不会有烦恼。

所求的爱，是无法永久存在的。能够永久存在的，是那份无形、无染且无求的爱。

母过分爱子女的心力，会反射成为子女的烦恼。对子女要放心，他们才能安心。

清茶淡香，既可口又提神；若是太浓，则苦得喝不下。世间的情爱也是如此。

爱在人心中常觉得奇缺，常觉得饥渴难饱足，像饿鬼一样。沉迷在爱欲中，将永远没办法满足。

要谈情，就必须谈长情——觉悟的情；要说爱，就必须说大爱——解脱的爱。

佛陀鼓励我们要有大爱，要爱得透彻、爱得普遍，尽虚空遍法界，达到冲破自我，和合于大自然同体大我的爱。不要像泥泞一样，有色彩、湿黏黏的。

【第六篇】

谦虚、柔忍、争与和

——饱满的稻穗

佛陀常常警惕弟子：即使已达智慧圆融，更应含蓄谦虚，像稻穗一样，米粒愈饱满垂得愈低。

真正的智慧人生，必定有诚意、谦虚的态度。有智慧才能分辨善恶邪正，能谦虚才能建立美满人生。

修行最主要的目标即是无我。若能缩小自己、放大心胸、包容一切、尊重别人，别人也一定会尊重你、接受你。

唯有尊重自己的人，才能勇于缩小自己。

缩小自己，要能缩到对方的眼睛里、耳朵里；既不伤他，还要能嵌在对方的心头上。

粒细沙就扎到脚，一颗小石子就扎到心，面对事情当然就无法担当。

看淡自己是般若，看重自己是执著。

生有烦恼，是因为我执的关系。以“我”的自私心理为中心，不但使自己痛苦，也会影响周围的人跟着痛苦。忘我，才能于修身养性中，造就健康、幸福的人生。

能低头的人，是因为一再回顾过去的成就。

是人间的一份力量，但是只有爱还不够，必须还要有个“忍”——忍辱、忍让、忍耐，能忍则能安。

要做个受人欢迎和被爱的人，必须先照顾好自我的声和色。面容动作、言谈举止合宜得体，都是从日常生活中修养忍辱得来。

行者的本分事是忍耐和付出，因为修养原是个人应有的行为。

钱也苦，没钱也苦，闲也苦，忙也苦，世间有哪个人不苦呢？说苦是因为他不能堪忍！愈是不能堪忍的人，愈是痛苦。

婆世界又译成“堪忍世界”，意即要经得起磨练、能忍耐，才有办法在世间自在地生存。

不是最高的境界，能够忍而无忍，才会觉得一切逆境都是很自然的事。

做事，一定要秉持“诚”与“正”的原则；而待人，则要用“宽”与“柔”的态度。要以宗教者超然的形态、宽大的心胸来容纳任何人。

真正的圣人，既强又柔。他的强是柔中带刚，刚中带柔；柔能调伏众生，刚能坚强己志。

人若能以“慈忍”施行于家庭和一切众生，人间便会散发“透彻之爱”的光芒。

争只能“为善竞争”、“与时日竞争”——一旦争的对象从自我投射到别人身上时，争就成为一个很不安的字，也是一件很痛苦的事。

竞争蕴藏了伤害的因子。只要有竞争，就有前后之分、上下之别、得失之念、取舍之难，世事也就不得安宁了。

争的人，才能看清事实。争了就乱了，乱了就犯错，犯错就容易失败。要知道，普天之下，并没有一个真正的赢家。

们往往就是太执著，而有分别心。是你、是我，划分得清清楚楚，以致对自己所爱的拼命去争、去求、去嫉妒，因为心胸狭窄，所以处处都是障碍。

般人常言：要争这一口气。其实真正有功夫的人，是把这口气咽下去。

养好自己的气质，不要争面子，争来的是假的，培养来的才是真的。

大多数有名利之心，与人争、与事争。如能与人无争则人安，与事无争则事安；人事皆无争，则世界亦安。

能一字“和”则无往不利，无事不成。

能“和”，则是非不生。出世之事业能永垂不朽，亦源自一字“和”。

【第七篇】

「逆境」、「是非」观

——「无明草」与「增上缘」

逆境、是非来临，心中要持一“宽”字。

世间事要做得圆融并不容易，没有历经逆境的事，不值得作为我们人生的灯塔。

逆境在佛教中称为“逆增上缘”，碰到逆境时，应心生感激——可遇不可求啊！

人事的艰难与琢磨，就是一种考验。就像一支剑要有磨刀石来磨，剑才会利；一块璞玉要有粗石来磨，才会发出耀眼的光芒。

修行一定要经得起磨练，将混乱的心磨练成静心，使自己在动的境界中不动心。

修行，是分分秒秒、日日年年，永恒不已的功课。就如做事，亦要经过无数次的磨练。

要原谅一个无心伤害人的人，不能做一个轻易就被别人伤害的人。

人常困于己见。知音就是真理，不是知音就变成是非。

最难看得见的，就是自己——平日都是张着眼睛向外看，对别人称斤论两、说长道短，殊不知自己也在其中啊！如能跳脱开来，把自己也当成观看的对象，事理才真能看得清、分得明。

人有疑心，就无法爱人；对人有疑念，就无法原谅人；对人有疑惑，就无法相信人。

一分对他人的疑虑，就少一分对自己的信心；否定世间的一切，自己的信念也将随之消失。

非当教育，赞美作警惕；嫌弃当反省，错误作经验——任何批评，都是宝贵的一课。

别人骂我、不谅解我、毁谤我，反而应生起一分感恩心，感恩对方给自己修行的境界。

纯正的心不怕别人毁谤，只要做得正、做得诚，别人的毁谤反而更能升华自己的人格。

非来变为是，恶来即成善，任何是非皆善解之，则无是非。听到任何是非，要视为修行之增上缘，万万不可堆积在心中长无明草。

假如每个人都能把我慢、我执、无明去除，人与人之间就不会产生是非！

要将是非当教育，不要将人事当是非。前者能将种种不顺心的行为转化为重组自我的利器，后者只会让你觉得人生很痛苦。其实，每天的琐碎事务都是活生生的《大藏经》。

【第八篇】

自「贪欲」说起

——烦恼菩提

世间之所以有人我、是非、内外、事理不能调和，皆源自“贪、瞋、痴”。有此三念，故争长论短，永无休止。

欲深无底，贪无止尽。有求的意向，即有必得的心理；有求、有得的心理，就会有失的痛苦。

间的海可以填平，但是人的鼻下横——小小一个嘴巴，却永远填不满。

求也多变，多变也多生，多生也多灭。生生灭灭，日日年年。

样是过一辈子，欲望大的人得花很大的气力，才能满足需求；而欲望淡薄的人，少欲少烦恼，便能安稳地终此一生。

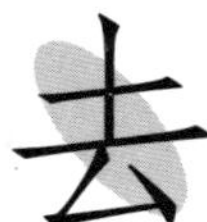贪就简，可使心灵得到无比的宁静与解脱。

心亦即理性。欲念如果扩张下去，就会埋没理性；理性如能发扬起来，就可以制止欲心。

谓的烦恼，并非以人的生活物质做标准，而是以心境状态来分别。人若不知足，就永远处在烦恼中。

生的苦恼不分贫富贵贱皆有之。

芸众生，本来可以相处自在，过着和乐、安定的生活。但因“心无厌足”，为了多求，难免心起烦恼，增长恶业。

都是求“有”，什么叫“有”呢？有就是烦恼。

要把病痛看得太严重，心有烦恼，则无法解脱。

痛

有两个词：一个是痛快，另一个是痛苦。面对痛苦时，要“痛快”，也就是视“痛”为“劫”。“痛”去“劫”消，则病痛反能带来“劫后归来”之快。

死

掉过去的烦恼心，生出今日解脱的境界。

要

学得“平常心”。一个人若有平常心，则无论遇到任何环境及挫折，都能真正安然自在。了解世间的形象本就如此，自然不会害怕惶恐或忧愁苦恼。

如要常常保持快乐，就不要把人与事当成是非。有些人常常起烦恼——因为别人一句无心的话，他却有意地接受。

把心胸放开，自然就可断除烦恼。为何人会有烦恼？是因为心胸狭窄，容纳不了不喜欢或是比自己能干的人。

发脾气对内对外都是烦恼，对内自己起烦恼，对外困扰他人。

透过烦恼转成智慧，这个烦恼才有意义。

将所有的病苦、困难或烦恼，当作人生最好的教育，也当作是人生另一种“再充电”。每天过日子，就像读一本书一样地掀开每页纸；而每天所遇到的人事或烦恼，就是这页纸上的一句铭言或一个警语。

门中有一则公案，说明凡事担心、害怕，是痴执的表现。

有一位禅师在打坐时，忽然出现一个境界——看见一个没有头的人，禅师当下说道：

“无头，头不痛”，说罢境界随即消失。过了一会儿，又出现一个没有身体，只有头和四肢的形相，禅师言：“无腹无心，不饿也不忧”，随后境界又消失了。没多久，又出现一个没有脚的形相，禅师言：“无足不乱跑”，言罢境界全部消失。禅师因而悟到——“尘境皆无性”。

【第九篇】

解读「幸福」与「财富」

——觉天地之广阔

生的幸福没有准则。能关心别人、爱护别人者，即是福中之福人。

世界总有比我们悲惨的人，能为人服务比被人服务有福。

原谅人一次，就多造一次福。把量放大，福就大。

生的罪与福，都是人自作的。最可怕的是人，最可爱的也是人。

心就有福，有愿就有力。

造福田，自得福缘。

苦了苦，苦尽甘来；享福了福，福尽悲来。

福寿倒不如求平安，平安就是添福寿。

施比受更有福。真正的快乐，是施舍出去后的那份清净、安详与喜悦。

最平常的人最富有。

世间物质的喜好只是一种潮流。太平年代金银玉石是宝，而战乱时期米粮衣布是宝。所以，世间所谓"有价"的东西，完全在于人心的潮流及虚荣的作祟。

钱财本是身外物，身外之物当然就有聚散的时候；因此，有钱时不必得意，没钱时也不必悲哀。

生想得透彻一点，没有一件东西可以永远与我们为伴。再亲爱的人、再多的财物，也终有离别聚散的时候。所以，又有什么东西舍不得呢？

能从物质的爱欲中跳脱出来，心自然天广地阔，无限丰饶。

非有钱就是快乐，问心无愧心最安。能付出、助人、救人，最是快乐。

夫追求财物，圣人追求真理。

世间一切精巧物质——色相，只不过是满足凡夫心的一时虚荣而已。

不受贫贱击败挫伤的人，不因富贵骄奢悭吝的人，都是成功的人。

【第十篇】

言谈声色之间

——那么轻，却又那么重

与人相处，都是以声色互相对待。讲话是声，态度是色，因此与人讲话要轻言细语，态度要微笑宽柔。

句不恰当的话，就会使人产生排斥的心。所以，话要讲得恰到好处，多一句、少一句都不好。

语要谨慎委婉。面对知音，不必说得太明显就懂；不是知音，说得再露骨也没用。

导别人也要分内与外。对外要柔，对内要正。

脾气、嘴巴不好，心地再好，也不能算是好人。

听话、说话要完整，不要只拣前一句、后一句，合起来刚好尖尖的刺进人心，创伤也就不可弥补。

要把能说话的嘴巴，用在搬弄是非、造口业；也不要把能行动的身体，用在吃喝玩乐、耽恋物欲。

间好话，要如海绵遇水般牢牢吸住；世间是非，要如水泥地般坚固，水过则干。

对恶言恶语，也是一种修行。

要在人我是非中彼此摩擦。话语称起来不重，但稍一不慎，却会重重地压到别人的心。反求诸己，我们也要自我训练，不要轻易被别人的话轧伤。

日常生活中，要常常自我反省，谨记“对人要宽心，讲话要细心”，如此必可化解“含毒”之心，圆融一切众生。

心平静快乐，头脑清醒，考虑事情就会清楚周全，说话就会得体。

清净的心眼看人，就不会彼此碰撞。声无形无量，色乃假相，不必拿声、色来压迫自己的心眼。

清净的耳根，接受清净的语声；以圆通的耳闻，吸收世间的善音。

言为重，千言无用。言重则信重，信重则有大用。

性之美，莫过于诚——诚为一切善法之源；人性之贵，莫过于信——信乃人生立世之本。

【第十一篇】

静思「忏悔」

——道德人心的第一课

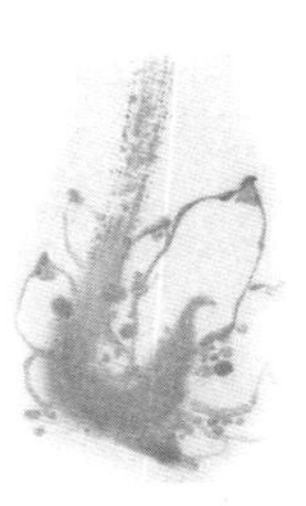

因自觉而成长，因自满而堕落。自我批判的认错心理，是道德人心的第一课，也是人格升华的阶梯。

都是在原谅自己的那一分钟开始懈怠，应时时自我警惕。

谅别人是美德，原谅自己是损德。

于承担，是一分动人的力量；勇于承担错误，则是一种高尚的品格。

能因为自己的错误，就不敢再碰同一件事情；反而应该修正错误，重新去面对它，好好把它完成。

错误容易反省，小习气不易去除。

悔是心灵的告白，也是精神污染的大扫除。

即“发露先恶”，悔即“改往修来”。人人皆有良知，能勇于面对现实、忏悔反省，始能自觉错误。若能进而坦诚告白，誓愿改过，并力行正道，就能明心见性，清净圆满。

凡夫众生，孰能无过？吾人自懵懂无知而至体认世事，不论有心或无心之过错，皆须忏悔。忏悔则清净，清净则能去除烦恼。

当一个人没办法自我教育时，也就无法再接受别人的教育，因为他的成长实已停止。

起心动念无不是业，开口动舌、举手投足无不是罪。学佛应慎防过失，切莫覆藏罪恶。时时发露忏悔，改过自新，方得安然自在！

人应常静思反省，以拨开心灵的波澜，发掘智慧的泉源。则世出世间无一事不通，无一物不解。

【第十二篇】

成功、愿力与持志

——一粒种子的力量

生有如高空走索，应专心一意往前看、向前走，不要回头空懊恼。

生这段路并不长，但却不好走，因此必须步步谨慎，切莫迷了路，走错了方向。

年轻力壮时，可以一口气往上冲；但冲力过猛，不免又筋疲力尽。于是走走停停，困顿繁劳，目标还在远方。

功，是依靠坚忍的力量，潜蕴蓄积长期奋斗而成就的果实；并非仅凭一点血气或一时的冲劲而侥幸得来。

善用力气的人，不疾不徐；善守理想的人，不猛不弛。一志向前、坚定不移，终可达成目标。

无定论，是很难理解的事。但是，命却可由自己的愿心来决定。

华洋溢的人，一方面很容易达到目的，很快就获得世俗的满足；另一方面，却因所求没有止境，不易寻得内在的圆满，才华反而成了自苦的根源。

何事都是从一个决心、一粒种子开始。

穷，志不能穷；富有，志更要富。

做人应有一分自己的志向、愿心、趣味。人生如果没有志向，即如握笔画图，不知要画什么？东涂西抹，终究不能画出完整的图形。

要小看自己，因为人有无限的可能。

要轻视自己的力量。世间善事没有一项“做不成”，也没有一个人“无能力”，有的只是“不肯做”而已！一滴水滴到水缸中，整缸水就是我们的，因为那滴水已和缸中的水结合在一起，分不出是你的或是别人的。

饼不能充饥，水中泡影不能串成项链。

是人走出来的。千里之路，必须从第一步开始；圣人的境域，也是自凡夫起步。

要提起就完全提起，要放下就全心放下。

萨的人格，必须由我们自己来完成。

佛心没有远近，人的愿望也没有大小。只要心诚意正，即可达到宏愿。

愿效法佛陀的精神，学做大农夫；耕耘天下众生心田，化荒芜成大福田。

发心容易，恒心难持；光说不练，无法体悟真理，实践道法。唯有学佛如初，始能证悟成佛。

恒心早起，是锻炼殷勤不懈的功夫之一。

【第十三篇】

怎么来写「人」这个字

——在生命的白纸上

纵然是游戏人间，也要端端正正，不要嘻嘻哈哈；要谨谨慎慎，不要唏哩哗啦。

有众生相即有众生见。

每天都是生命中的一张白纸，每一个人、每一件事都是一篇生动的文章。

大地宇宙间，没有一项不是我们学习的对象，没有一项不是佛法，也没有一项不是修心的功夫。只要肯用心去想、用心去修、用心去做，就没有不能成功的事。

既然生在世间，就不能离开众缘，修行也不能离群隐世。真正的解脱是在众缘中付出而得，也是在众缘的烦恼中解脱。

赏他人，即是庄严自己。

实，人人都有成佛的本性。如能发现自身的本性，自然拥有平等心，也就不会有你我高下之分。

的身体有残缺不算苦，人性的残缺才是真正的苦。因为世间的灾难祸害，大都是由手脚完好，但心灵残缺的人所造成的。

理通，万理彻。如能了彻真理，知道路在哪里、自己在做什么，一切明明白白、清清朗朗，就能把握自己。最怕的是不知道“我”是什么，才会徬徨、苦恼。

要平安，得先心安；要心安，须先得理；理得心安，即合家平安。

做人要做到三不靠：一不靠权力，二不靠地位，三不靠金钱。

道理是人生一条长远的路，地理不熟就会走错路。因此，今生今世要读熟未来的地理学。

我们要教化一切有情，必须先端正自己。众生刚强，他们的心态千差万别摸不透。只有一个方法可以感化他们：那就是“诚”与“正”，诚正可以降伏无量刚强的众生。

道德是提升自我的明灯，不是呵斥别人的鞭子。

做人要有踏实感，不要只有成就感。踏踏实实地做人，心中多舒服。

时，应分秒必争；路，应步步踏实。此趟人生即无所愧憾。

毋需抱怨世间人情浇薄、功利主义、好心没好报等不公现象。其实，这正是让我们有所作为的大好时机。

难行能行，难舍能舍，难为能为，才能升华自我的人格。

佛陀设教在人间，就是要教育众生回归真如本性，做个真正的人。所以说人格若成，佛格就成；人格若不成，又如何成佛呢？

世间苦，做人亦苦，但做人是成圣成佛唯一的道路。

际关系是最难写的一篇文章。唯有事事无我、无执，方能有所为。

说好话，心想好意，身行好事。

们若少了人文，就如同处在烈日炎炎的沙漠中。有学识、人文，才有美好的绿洲。

喜，就是时时刻刻都起欢喜心。喜是没有嫉妒、骄慢、瞋恚的心。

不要把阴影覆在心里，要散发光和热，生命才有意义。

太阳光大，父母恩大，君子量大，小人气大。

笑是一种表情，皱眉也是一种表情；呵斥是出声，说话也是出声。但是笑比皱眉好看，说话比呵斥自然。

转一个角度来看世界，世界无限宽大；换一种立场来待人处事，人事无不轻安。

时没事对别人很好，这不是功夫；当发生事情时还能对别人好，才是真功夫。

【第十四篇】

「做事」种种，「事理」种种

——工厂即道场

作就是运动，工厂即是道场。

信心、毅力、勇气三者具备，则天下没有做不成的事。

人事、听天命，不要把“难”放在心里。人要克服难，不要被难克服了。

生最大的成就，是从失败中站立起来。

应有卷起裤管下水的勇猛心。如果已经站在水中了，就不必担心流汗或下雨。

所谓“念兹在兹”，即是手在工作时，心思就在手上；双脚走路时，心念就在脚上；开口说话，精神就放在嘴上。

被人支配的人，是有能力的人；支配人的人，是有才智的人。

生无常！社会需要你，就必须赶快付出；今天走得动，就赶快起步走。

要担心载重，只要把稳方向盘，任何车都能开。当别人到达的同时，自己也到达了。

无论做人、做事，都要抱持一颗“精进”心。精就是“不杂”，进就是“无退”。意即要做一件事，必须专心才能做得成，无有二念才会有进步。

社会的进步不是喊出来的，是做出来的。

现代人世智辩聪、满口论调，做起事来却又斤斤计较。多数人只懂理不懂事——所知的道理很多，但碰到人与事时却又无法调理，这就是凡夫心。

正义之声的呼唤下,愿意牺牲者有多少呢?

谓真理?理事配合,事理相融,即是真理。

事不能脱离它的“理”,以“理”为中心,诸“事”皆环绕在周围。要以理来转事,不是拿事来转理。

理与事之间需要的是人,理圆、事圆则人圆。

天下的米一个人吃不完，天下的事一个人做不尽。同样的，一个人也无法成就天下所有的功业。

凡事要守好自己的原则，不要牵强应酬；常去应酬，往往度不到对方，反而会被拖下水！

如果影响不了别人，就做自己该做的事吧！

即使佛陀在世也有三不能：一、众生定业不能转，二、无缘众生不能度，三、不能度尽一切众生。

【第十五篇】

因缘、感恩与死生

——当一滴烛泪落下来

要缘深，不怕缘来得迟；只要找到路，就不怕路遥远。

事对机即是好。

们若有纯良的种子，一定要把握因缘时机种入土中，并且给予充足的阳光、水分、土壤和空气，才能顺利成长。

愿放在心里，没有身体力行，正如耕田而不播种，皆是空过因缘。

好的机会、福报，如不能把握因缘，就会稍纵即逝！

件东西能充分使用时，就会突显它生命价值的存在；如不加以爱护惜用而任意毁坏丢弃，就如同扼杀了它的生命。

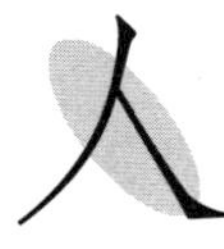

生如舞台。定业来时，会演出令人料想不到的另一出戏。

天要感谢父母与众生，一生所作不要辜负父母与众生。

个人面临绝境时，还能心存感恩很是难得。永保感恩心付出的人，比较不会陷入绝境。

支蜡烛如果没有芯，就不能燃烧；即使有芯，也要点燃才有意义。虽然点燃的蜡烛会有泪，但总比没有点燃的好。

经上说："生又何尝生？死又何曾死？"生生死死、死死生生，本来就同在一个循环中；所以说：死是生的开头，生是死的起点。

【第十六篇】

「道」与「性」、「信」与「迷」

——有限的人生·无限的世界

世间言语、文字或名位，缤纷迷离，姿影绰约——因其多彩多变，故不真实。

变动的道非真道，只是修行的工具而已；故须能取、能舍、能善用而不执迷。

对修道者而言，语言、文字皆如渡船。为达彼岸，自须善用此船；既达彼岸，即应舍船就道，勿再恋栈。

实实在在的道不是看来的，也不是听来的，而是要真正去做——确切去实践，才能表达出真道。

性不是“真性”。真性必须从人的习性中去体会、修为、契合，谓之“神会”，即是由精神体会而领悟出来的真理。

事事皆“有”则会迷，样样皆“无”则会断；言“有”则执常，言“无”则执断。

无信与迷信二者，宁愿“无信”也不要“迷信”。信必须智信，不可捕风捉影。

培养面对现实的勇气和毅力，以欢喜心接受一切境界，不要动辄求神问卜。心若迷时会很苦，苦在自己无法作主。

迷信不如无信，学佛一定要转迷为智，离开众生的烦恼心，回归清净无染的佛性。

智信者深体佛法之精神，迷信者曲解宗教之美意。

正信的佛法，不说感应、不说神通，唯心是佛。

【第十七篇】

修养、修行、禅

——浸润在人性的源头里

有人常常埋怨自己长得不漂亮、没有人缘，其实人缘并不在于色身，而在于气质。气质则由修养中培养而得。

修行，主要是“修心于内而显于外”。心在内没人看得见，唯有借行于外的整齐以显示内在的清净。

有人把“修行”误认为是出家人的专用名词，其实修行表现在日常生活中，是人人应有的生活修养。“修”是修心养性，“行”是端正行为。

让一步以成全别人，即是修养，即是修行。

行得自己下功夫，靠自己的精进来启发灵明的觉性，不能期望无修自成的果实。

行不在于长篇大论，也不是高深难解的抽象概念，而是如实、深切地了知人性的本然。

坐是为调身、调心、调气，要调得身心如一，动静一致。

生生的往生，当下即是净土。

行不是在最后一口气才往生西方，而是当下活生生的往生极乐世界——只要把凡夫心换成慈悲清净心。

医生在病人的眼里就是活佛，护士就是白衣大士、观世音菩萨。所以，医院应该是大菩萨修行的道场。

持菩萨道，须力行“四摄法”：布施、爱语、利行、同事。

施——“施比受更有福”，欲做菩萨，要不断付出而无所求，将心力、劳力、财力、物力等皆欢喜施舍，则人生自然幸福安乐。

语——柔声悦色，令人闻之欣慰、见之敬爱。诚恳的爱语，可扫除一切人我烦恼，解开心结郁闷，化干戈为玉帛，转暴戾为祥和。

行——摄持身、口、意行善，利益众生，慈悲济世，即无上功德。

事——菩萨所缘，缘苦众生。身处苦难娑婆，应先自我净化、以身作则，感化周遭共同生活、工作的每一个人，并鼓励众人一起力行菩萨道。

体的美，在于个体的修养。

切言行举止能精神统一，心念一致，就是禅定。

正信佛教的禅定叫“三昧”，意即“正定”，是靠日常生活中的磨练所成就，属修道的方法之一。

真正的禅，是在日常生活中不起烦恼妄想，能集中精神、一心不乱，行兹在兹、念兹在兹，使心住于一境。

善于利用时间的人，无时无刻不是修持参禅的好机缘。

学佛，要学活的佛；打坐参禅，要学活禅。能使平常生活中的举止动作无不是禅，才是真正的活禅。

【第十八篇】

走向「学佛」之路

——无声的说法

无所求的奉献，及为一切众生而修养自己的言语行动，就是学佛。

佛陀的教育不只教我们如何了生脱死，更教我们如何包容人、不与人计较。

佛要修养到无论发生什么事，心中都没有丝毫委屈感。

先培养“爱心”和“耐心”，则佛道难成。

佛不成佛，端在做人。

佛须先了解无常的道理，如能了彻此理，才能来去自在，做自己生命的主人，迈向光明的境界。

法不必听太多。若能身体力行，简单的一句偈文就是真法，就能启发真正的善根。

佛若学得心在宁静中，意在微细分析中，则天下一草一木一花一叶，无不是如来的形象。

佛要有三心：直心、深心、大悲心。

佛之前，生命像一张白纸，横写竖画，随心所欲。学佛之后，生命像在纸上学写字，要端正规矩才能给人看。

个世界无时无刻不在对我们说法，这种说法常是无声的，但有时却比有声更为深刻。

譬如水，能洗净众生被污染的心；法譬如药，药无贵贱，能应病即是良药。欢喜心即是一帖良药。

第二集【第一篇】

人生的目标

——让生命功能永远像春天

的一生中，难免会有灰蒙蒙、阴冷冷的时候，只要能将最终目标稳定住，就能像冬天的太阳一样，感觉很温暖。

的生命，要永远保持像春天一样，不断涌出生命力，不断发挥它的功能，才是活着的人生！

好事总是要腾出时间，这是人生的目的，也是应尽的义务。

下、国家、社会、家庭之所以不得太平、安宁、和睦，皆因人人只知争取生存，而不探究生存的真谛。

命无常，慧命永存；爱心无涯，精神常在。

【第二篇】

谈毅力

——成功的起点

佛教提倡“愿”、“力”并行，若仅是空口谈愿，却不以实际行动表现，永远都无法满“愿”。

发愿——必须发利益众生的大愿，并且随时随地身体力行。

真正的普度是发大心、立大愿，普爱一切众生。

愿要大，志要坚，气要柔，心要细。

【第三篇】

宗教的精神

——沙漠中的甘泉

人生难得洒脱，要洒脱必须拥有宗教精神及人生目标，才能得到真正有意义的洒脱！

佛教徒应具足运动家的精神，只要肯精进，一定可以到达终点——佛的境界。

宗教的力量，不仅能鼓舞人们的身心，还能带来心灵的净化。

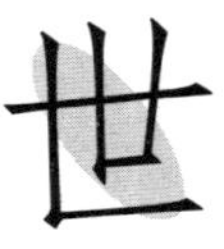
世间事都是相对的，只要我们以真诚的爱心待人，以光明磊落的心胸任事接物，则人生到处都充满真善美。

信的佛教徒称“礼敬诸佛”，不只是“拜佛”，而是要学佛陀的大慈悲和大智慧。

佛教的真正精神在于不为自己，一切只为众生求安乐，宁可舍己，以自己的牺牲使他人得到安乐。

【第四篇】

菩萨的心

——慈悲与智慧的化身

人人本具一颗菩萨心，也具有和菩萨同等的精神与力量，此力量即慈悲与智慧的力量，它恒藏在人人内心的本性。

我们应为别人的成就生欢喜心，视他人的成功犹如自己的成就，这就是菩萨心。常常抱持利益众生之心，就可永远不离喜乐。

人人都有佛性，只要能发挥良知良能，没有一个人不能去救人、去造福人群；这分救人之心，就是菩萨心。

欲成就菩萨道业，必须拥有不畏心劳、不惧身苦的精神毅力，勇往直前，方能达成。

菩萨的爱像一杯清水，可以从上透视到底，没有一点色彩，此即“清水之爱”。

菩萨不是土塑木刻的形象，真正的菩萨能做事、能说话、能吃饭，能寻声救苦随处现身。

人生的价值在于功能而不是形象，形象没有价值。

要做菩萨，就要发恒常心。菩萨决不把“付出”当成苦事，而是抱持游戏人间的欢喜心去付出。

间如舞台，人人都在舞台上扮演各自的角色。

院中木刻、石雕的佛菩萨像，只是供我们摄心，真正灵感的佛菩萨在每个人的心中。

【第五篇】

利用身体

——赤裸裸地来

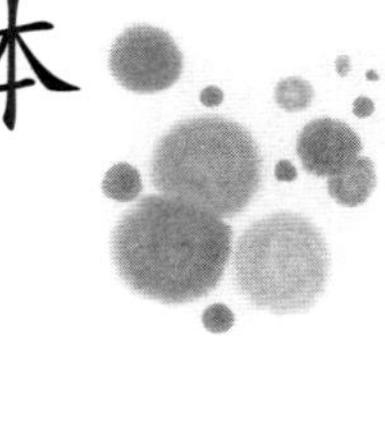

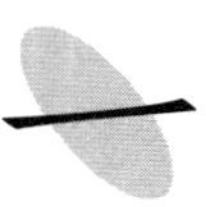切功德由时间所累积，一切功德由我们身体行动所成就；所以，我们要好好爱惜人身。

要好好利用我们的身体，趁能自由说话、走动的时候，赶快多做利益人群、宣扬佛法和导人向善的事。

一生的行为，不管是善是恶，皆由时间所累积。

生时，是一身赤裸裸地来；在世间忙碌了几十年，到最后也是一物不带而赤裸裸地走！

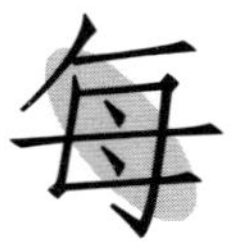天无所事事，是人生的消费者；积极付出，才是人生的创造者。什么都没做，就是空过的人生；若能不断付出利益人群，就是大好的人生。

【第六篇】

谈情说爱

——爱河千尺浪

要突破小范围的爱，将爱心普及一切众生，视众生的苦痛如自己的苦痛，这才是佛教所倡导的爱。

爱本来就无穷无尽，扩大可以利益天下，增长慧命；缩小则成自私自利，增长恶业。

以佛陀普爱天下众生之心为己心。佛陀能为一切众生牺牲，我们也能为济助众生的志业不惜辛劳付出。

爱心、慈心、悲心是女性的优点，如何引导先生做好事、走好路，是做太太的责任。

些人的爱只执著于自己的眷属，倘若眷属不能符合自己的要求，就容易产生怨恨。

河千尺浪，苦海万重波！求不得是苦；求得之后仍不满足，经不起爱欲的鼓动及外界的诱惑，继续永无尽期地渴求，以致人生痛苦难耐！

感情发生问题时，要以大爱之心爱其所爱；也要退一步，用宽广的心接受眼前呈现的一切，这才是有智慧的爱。

【第七篇】

关于修行

——说一丈不如行一寸

人有二耳、二眼、一口、双手、双脚，此中道理：是要人多听、多看、少说话、多做事。修行贵在身体力行，说一丈不如行一寸。

一切的修行法门，如坐禅、念佛等，都是为了收摄心念。“修行”，主要是多改掉一分假我，多增加一分真我。

一个人只要有惭愧羞耻心，自然不敢做丧理败德的事情。所以，修行学佛一定要有惭愧心，知羞耻。

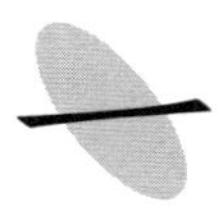一个人的修养如何衡量？应是存诚于内，而形之于外。待人接物、言谈举止，一切行动都充分表现内在的修养。

的习性不同，各如其面。修行必须走入人群，和不同习性的人互相磨练、适应，并圆融共处、和睦相待。

忍辱的人，是一个最坚强的人，任何人与事都击不倒他；能忍，才能成就天下大事。

往往为了爱自己而损害别人，所以佛陀教导我们：修养的第一个条件，就是不去伤害别人。

所谓修行，即“修”心养性，端正“行”为，常存惭愧心勤勉精进。如修学而不精进，不知反省自己，就是没有惭愧心；心无惭愧者，行为必然不端，遑论修心养性？

量就有福，有福心就灵，是谓“福至心灵”。

人处世要小心、细心，但不要“小心眼”！

生在世，常会接触复杂的人事；所谓“修行”，就是要借复杂的“人与事”来练心。

时刻刻注意自己所说的话，每一句话都要深思熟虑，是否合情、合理、合法？是否能利益众生，开导人心，使人开解烦恼？

修，是清心少欲、磨练吃苦的心志。

一旦生活在忧愁惶恐中，就很容易丧失自信心而陷入怯懦与逃避的深渊。

参，是同修间彼此相互切磋、去除习气，唯存清净佛心的意思。

道，是指同修间若有错误的行为，可彼此更正、相互惕厉之意。

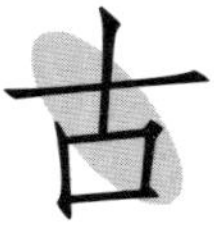古人说："圣人无梦"，是形容圣人并不把梦当一回事，精神不执著于梦境，不理会梦中事，每天睡醒之后就面对现实的生活。

修行人的心境，要如"鸟过白云，鱼跃水面"般——空中无迹，水面无痕；不为消逝事物而烦恼，心境安然而自在。

"戒"是不起心动念，守住本分，戒掉一切名闻利养的贪念；"定"是遇到任何困境，都能守持志节、临危不乱；"慧"是能运心转境，于平静中突破重重困难。

【第八篇】

关于学佛

——在黑暗中点一盏灯

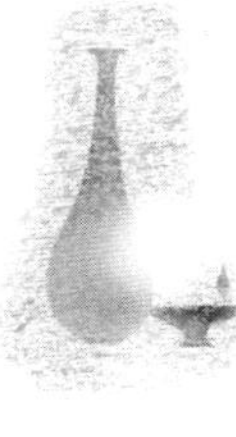

学佛，最重要的是培养慈悲心。若失去了慈悲心，就是失去佛教的精神。

常能反省自己而无过失，即得解脱自在。

信佛而不学佛，就是迷信；拜佛而不学佛，就是愚行。

学佛的修养，是要每个人保持平等心，看见任何人都能起欢喜心。用佛心看人，人人都是佛。

法后，能在日常生活中身体力行，谓之“受法”。

若能启发自我的本性与天职，自然做任何事都会觉得轻松而无怨言。

佛，就是要善加化解烦恼，以及善解别人的不悦与刻意伤害。

佛所注重的不只是理论、学问，还要能身体力行。

避责任，寻求一生的清闲，就无法延续自己的慧命。

一定要专，选择必定要正确；若朝三暮四，时时从头开始，将永远停留在原地而跨不出一步。

佛者，道心不可断。道心断，明灯暗；明灯暗，智慧失，就会招来障碍道业的因。修行人当看好心念，莫让外境灭了心中的明灯。

生若能被人需要，能拥有一分功能为人付出，就是最幸福的人生。

要和睦人间、合群人生，才是真正的学佛。

轻佛子常耽于文字般若中，若能将所学的文字应用于实相般若，以声音呼出千眼，以行动引出千手，事理圆融，方是学佛的真谛。

佛是为众生而学佛，做人是为付出而做人。

能善意掩盖他人的不良习气，弘扬其良好德性，且不评论他人是非，这样的人一定可爱又可敬。

学佛是尽本分，在什么岗位就做什么事，不要将人间事想得太渺茫，而忽略了自己身处在人间。

【第九篇】

关于逆境

——在风雨中成长

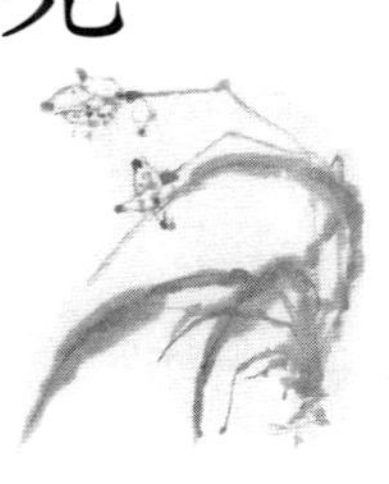

常常受到挫折，也要感谢天意的磨练。

我们要接受天下人、事、物的磨练，方能成为一个坚强的伟人。

勿轻言“挫折感、无力感”。纵然困难如石，也要钻过去；更何况有时所谓的困难，可能只是如纸之薄。

对业力不要埋怨，要用宽谅和乐的心来代替埋怨。

杀所犯的罪业有三：一、杀害父母所赐的身体，犯不孝罪。二、造自杀罪业。三、犯遗弃父母、先生（或太太）和孩子的罪。

在平安的时候，很容易迷失自己。偶尔有小挫折或坎坷，反而能唤醒良知、长养善根，这何尝不也是福？

样才能消业、消灾？把自己的本分事做好，欢喜接受所面临的一切，过一分钟即消一分灾。凡事都得靠自己，福要自己造，业要自己了，而非求佛消灾解厄。

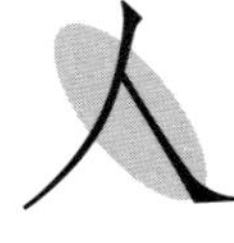

在健康时，应多做善事、利益人群，多造善因福果，为自己铺好人生健康之道。否则一旦病障现前，身心不得自在时，子媳再孝顺也只能尽人事。

过去宿业所带来的业障，如能以欢喜心去接受，就可以重业轻受。

遭受别人批评时，先问自心是否无愧？无愧则心安。

若有人扯后腿，要心存感恩。没有人“扯”，就练不出腿劲。

佛教徒不怕做事，而且能积极投入人间服务；在服务的过程中，心灵不被环境所转，能勇敢突破万难，难行能行；做到别人不能忍而我能忍，别人不能舍而我能舍的地步，这才是“借事练心”。

【第十篇】

不肯走正路

——不残而废

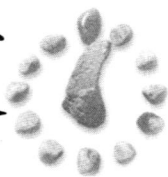

个人如果没有脚只是一个人不便，要是有双脚却不走正路，那不知会害了多少人？毁了多少家庭？

手健全却不肯做事的人，等于是没有手的人。

应该走正路。如果正路不走，尽是走歹路，这种人比没有脚的人还凄惨。

【第十一篇】

积少成多

——粒米成箩

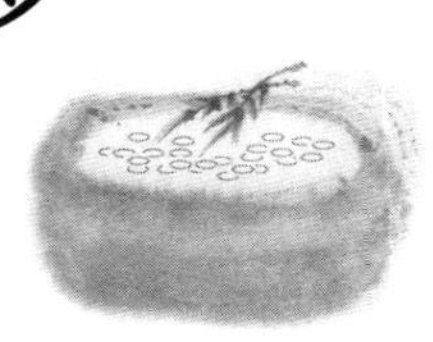

粒米成箩——将一小粒、一小粒的米集合起来，就可积成一箩米；如果因一粒米小而轻视它、漏掉它，怎能积成一箩的米？

滴水成河——将一滴滴的雨水集合起来，就可形成一条河。

无量功德是在日积月累中，分毫累积聚集而成。

人多力大福就大。一支再大的蜡烛，它的光度还是有限；而一支小蜡烛点亮之后，却可再引燃千万支蜡烛，这千万支的烛光就可照亮各个黑暗角落。

【第十二篇】

贪、瞋、痴、慢、疑

——毒蛇陪伴的日子

人自身的烦恼，比身外的冤家更厉害！因此，应该常常警惕自己，莫让良知睡着了。良知一旦睡着，则杀、盗、淫、妄等种种罪业都会发生。

如果有所付出就想有所回报，将会招来烦恼；所以，布施若不是真正心存喜舍，则非但没有功德，反增烦恼业。

烦恼就像一条毒蛇睡在人的心中，一旦动了它，蛇就会咬人。修行一定要把心中的愚痴烦恼去除，才能安心修行。

人生会遭受天灾人祸的痛苦，无不是从贪而来。“贪”不但带来痛苦，也使人堕落；除了今生此世身败名裂，也会招致未来的业报。

之所以虚伪，只因贪欲心起。若能弃除贪欲烦恼，心无杂念，无欲无为，才能得到真“善”和快乐。

把他人拿来做自己的镜子，看到优点可以自我鞭策，看到缺点则自我反省。

佛法很简单，只要去除贪、嗔、痴三毒，就可以明心见性。众生烦恼多，所以佛陀才开启八万四千法门，对治众生的八万四千烦恼。

间的盗贼偷窃东西，不一定会把东西都偷光。但只要一念嗔心起，心中的“嗔贼”就会把一切功德偷得无影无踪。

【第十三篇】

忍 辱

——心上一把刀

若能面对现实，欢喜接受过去生中的善恶业缘，谓之“忍辱”。

是帮助你做好事、修好行的最大力量。能持忍者，没有什么事办不到。

生如果不能忍辱，就无法成就事业、学业与道业。修行必定要能堪忍无量的苦，无忍绝不会有所成就，是故“忍”为修学佛法的重心。

将山河大地、太虚里的任何境界都包容于心，而心却不被境所转，此即出世的精神。

个真正成功的人，必须人人都能容得下你，你也能容纳每一个人。

个人都有自尊心，但也必须懂得谦虚和礼让。因为每个人在世间，绝对无法一手撑天。

果人人都能“事忙而心闲”，并尽一己之力，投注于人群幸福之道，而且忙时不失道心，闲时不迷本性，就能达到人生快乐的境地。

与人之间相处，难免产生人事上的烦恼；遭遇这些烦恼时必须忍让，千万不要起瞋恨心；除了护心，也要护口，不能口出恶言。

我们应该学习圣人包容万物的宽大心胸，心境才能超脱；否则尽管信仰虔诚、礼敬拜佛，终究还是会堕入魔道。

道德的升华，关键在于“忍”。假如每个人都有一分忍辱精神，就不会凡事斤斤计较。

忍字心上一把刀。能忍，就能纳受人间一切的缺点——对任何人没有一点怨恨，做任何事也没有一个难字。

【第十四篇】

谈心

——心田不长无明草

欢喜心是一种涵养，能令周围的人都有“如沐春风”的喜悦感。

恒心、毅力能如“滴水穿石”，再大的困难与阻碍都能突破。

人人应时时“居安思危”，莫等“危时方思安”。修行人更要时时下功夫，以备四大不调时能安然度过。

人人要学习经得起周围人事的磨练而心不动摇，并学习在动中保持心的宁静。

佛陀常教导我们：要安分守己，守住清净无为的心，让心时时寂静。心静自然人安分，人安分就能过着和乐的日子。

人心比武器还厉害！因为武器由人心所创造，不管将它用于好或坏的地方，都起源于一颗心。

想圆满慈悲、成就智慧，开展济世与引导人群的力量，必须先从调和自己的身心做起。

心地若能时时现光明，与人坦诚相待，则不必怖畏人生道路有障碍，也无需担忧别人是否不利自己。

心不专、念不一，做事难以成就；若想心念专一，就必须收摄杂念，恒持清净的一念心，这就是“系缘修心”。

若要常常保持心的快乐，就不要把人事当是非，应把是非当教育，以增进待人处世常识。如果把人事当是非，心将永远很痛苦。

心净则国土净，我们要时常保护心念，不要被贪瞋痴等毒害侵袭；更要积极救护世界，不要让暴力充斥社会，让灾难破坏家园、污染大地。

极凶大恶，莫过于自我心中的烦恼贼；它常在我们毫无防备之下，毁了自己，也毁了别人。

解除人间的灾难，一定要从改善人心做起；想救世，必先从人心救起。人心健康，则社会、国家，甚至天下都能调顺；人民和乐，世界自然就能太平。

佛陀一再教诫我们：要好好调节自心，把瞋恨、怨嫌之心转化为爱心、宽心，时时刻刻宽恕别人，发挥爱念。

把贪念转为满足，把满足化作慈悲；如此，不但能自我满足，还可发挥“用慈施悲”的爱心。

时时以清净解脱的爱心，秉承过去生所播下的远因，成就现在的近缘，更扩展长情于未来。

【第十五篇】

家庭、伦理

——这本经一定要念

个家庭不能只是追求丰富的物质生活，更该着重于心灵沟通，使亲子、夫妻之间的关系和谐、圆满。

人父母者，只能尽养育之责，而无法要求子女依照父母给予的模式成长。

要有巢，人要有家，如果夫妻子女各居一方，何来天伦之乐？

妻间相处的言行，对子女不仅是直接的身教，也将是子女们的处世范本。

正的佛教家庭注重礼仪，礼仪是人生至真最美的形态。

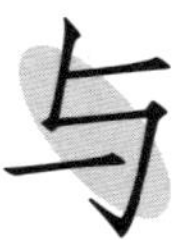

人相处要去除我执，扩大心胸，客客气气，互让互爱。

不是要求对方，而是要由自身付出，无条件地奉献，做到事事圆满。

生多病！身体四大不调是病，家人吵嚷不和是病，社会动荡不安也是病。

身躯乃“地水火风”四大假合，既为物质的组合，坏灭（病死）是正常的现象。然而肉体可能是单薄虚弱的，精神却可以强壮康健。

家庭和谐，即使物质贫乏，仍是富在天伦之乐中；否则再多的钱财，也抵不过家庭失和的苦恼和缺憾。

想要家庭吉祥、和睦，就应该常常起欢喜心，天天为自己的家庭祝福。

【第十六篇】

清净大爱

——人生进行曲

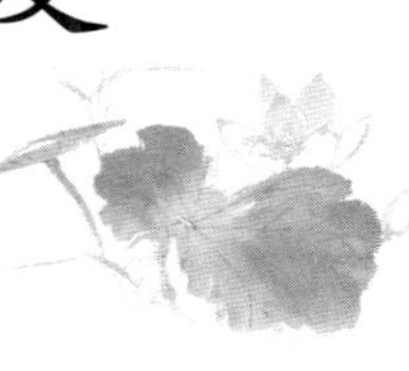

若能发挥功能，才是“人生”；若没有发挥功能，就是“众生”。“众生”才需要“佛”救济，“人生”就能自救救人。

知道反省过去，才是正确的人生；若只是随着日子消逝而纸醉金迷，就叫做“颠倒众生”。

诚是发自内心、自动自发的精神。若有这份自动自发的精神，人生再辛劳都不会觉得苦。

生在世，不能无所事事、懵懵懂懂而虚度一生，应发挥我们的良知良能，以佛菩萨的精神造福人群。

做人要有一份平常心，一份平凡的念。如果大家都自觉平凡，人生就平安了。

如果一个人只为自己的生活及爱欲而追求，这种生命轻如鸿毛！反之，若能发挥生命力，积极造福人群，这种生命价值则重如泰山。

人一旦无所事事、虚度光阴，精神就会萎靡不振，生命也就失去意义。

懈怠的人容易堕落；因此，人生必须上进积极，不要因境遇的得失而丧失生存斗志。

的生、老、病、死是很正常的事，与其烦恼它，何不每天快乐地过日子？

饱饭没事做的人，固然不快乐；忙着应酬、打麻将、观光旅游，一副“无所事事忙”的人，在饱乐之余的疲倦与空虚，又何尝称得上快乐？

可为了自身的利益，而用甜蜜的口舌迷惑他人，以免到头来落得伤身败德，害了他人也害了自己。

时时刻刻都处在无常的流动中，也经常处在无明的风雨交加中；唯有时时自我警惕，才能安度人生之险境。

满的人生，不在物质、权势、名利及地位，而在人与人之间的关爱与情谊。

所谓看开人生，不是悲观，而是积极乐观；不是看破，而是看透；并非什么都不做，而是能及时行善；也不是什么都没有，而是什么都知足！

生最踏实的事，是今日此时有多少力量就尽快付出——利益人群、造福社会。

付出心力为别人服务的人，因抱持义务的精神，而能心甘情愿、任劳任怨；尽管再怎么忙碌，心中也会感到无限快乐和喜悦。

能以他人的快乐为自己的快乐，是最满足、最富有的人生。

生如舞台，有人一生劳苦，有人先苦后甘，也有人先甘后苦，如何论断谁最幸福呢？只有充满爱心的人最幸福！

【第十七篇】服务、责任与感恩——都是大家的努力

人的生命短暂，但时空却是天长地久。几千年来人事的变动频仍，只因人的欲求不断！

为了愿心与欢喜心而服务人群的人，能不惜承担重任，不畏辛苦地勇往直前！只要众生能离苦得救，就满心欢喜，别无所求。

人要培养坚强独立的性格，不要有依赖性；负担虽重，只要有心，没有挑不起的担子。

有修养的人“在职尽责”——不计较时间，肯尽自己的责任做好本分事。

生因为有责任而踏实，若逃避责任就是虚度人生。

最难能可贵的是：拥有一份力量，负起一切责任。

要因贪求清闲，而希求减轻责任；应该增强自己的力量，担当更重大的责任。

平淡的日子，心里最安定。因为没有患得之心，所以没有患失之苦。

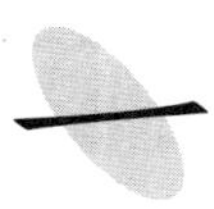

一个人若能时常抱持感恩心，好好思考日常生活的来源，就会知道：人人都需要靠社会大众的帮助，才能维持生活。所以，要“取诸社会，用诸社会”，多帮助别人。

有缺乏的人，才能显出知足者的人格；有需求的人，才能显出无所求者的伟大。所以，应该时时感恩那些接受我们布施的人。

真正的布施，除了无欲无求外，还要有一份感恩心。布施，并不是要求得对方的感谢，而是要以感恩心感谢对方让我们有付出的机会。

【第十八篇】

信心、毅力与勇气

——精神的抗体

在逆流中要有毅力，不要随波逐流、旋转而去。

勇气不可失，信心不可无，世间没有不能与无能的事，只怕——不肯。

苦干象征毅力和耐力，要成就大业，必须拥有苦干的精神。

我们的精神一定要有抗体才能免疫，也才不致被外在的环境或人事所左右，这个抗体就是定力。

人生若人文精神充足富有，纵使物质生活平淡，也会感到乐在其中。

在经济富有、政治自由时，更要提升人文精神，让人人的心灵净化。

不管路有多远、自己能力有多少，都能随分随力尽量去达成目标，此即“毅力”。

学佛必须培养正信，对自己要有充分的信心，并拿出勇气降伏忧愁、欲念，才能获得轻安和解脱。

若对自己有疑，就容易堕落沉沦，迷失人生的方向；若对他人有疑，就很难与人广结善缘，共同成就有意义的事业。

句话说：“静时养气，动时练神。”静的时候练气，可以磨练我们的气质与品德；动的时候则要专一精神，将心念统摄为一。

性软弱，缺乏勇气、信心面对现实的人，容易被人事问题所困扰而浑浑噩噩虚度一生！

佛不是要求财势名利，而是要使人人对自己有信心，培养毅力，发挥勇气，训练自己庄敬自强，不依赖他人。

【第十九篇】

吉祥、幸福、快乐

——常常汲取井水

成就福业有四种方法：恒行法施、起大悲心、度化有情、忍辱定静。

付出其实就是最大的收获，因为能施与的人，比受施的人更幸福。

人应扩大爱心，于富中修慧，使福慧平行齐进，并取诸社会、用诸社会，即是植福修慧。

布施者，心灵上常得到安详和快乐的感受；受施者则不仅生活上得到饱暖，心灵也会感受到人间的温馨。

祥，就是一切灾患恶事不近身，凡事都能大事化小、小事化无；吉祥就是福。

有并不代表幸福，真正的幸福是“安详”。

间无常，国土危脆，人生何必锱铢计较？其实，心安即是福，当下能做即是福，眼前欢喜即是福。

别人能多原谅一分、多让一分，就能得到十分的福。所以说：“心宽就是福。”

能帮助别人，能为社会尽一份力，即使一点一滴都有大用；因为有一份心，就有一份力量。

能利用时间，多发挥生命功能，利益一切众生，就会觉得生命更踏实、更有意义，此即幸福感。

每个人都希望过得幸福快乐，但幸福与快乐并非用物质来衡量，而是一种精神上的感受。若能常心满意足，就是最幸福的人！

足的人，心量开阔；心量开阔，对人对事就不会计较。

是人生最痛苦、也最无可奈何的事。有句话说："英雄最怕病来磨！"一旦身体不健康，即使拥有再多的钱、再高的地位都没有用；所以，身体健康就是福。

【第二十篇】

慈悲与智慧

——心灵的解脱

在苦恼的众生中，能起勇猛精进心、慈悲心、喜舍心去救助苦难的人，才能获得心灵上的快乐和永恒的解脱。

愿我们的慈悲心永恒地散布到每一角落，使众生如沐浴在温和明亮的月光下，得到真正的清凉快乐！

有慈悲心的人，就会有柔和的风度；慈悲柔和可以化解人的烦恼。

不要轻视己灵，我们与佛有同等的智慧、同等的慈悲大爱，佛能我亦能。

悲——以仁德爱人为体，以诚正和睦为用。

时保持快乐的心境，把快乐的气氛散布给四周的人，此即“慈”；众生有苦难能及时为其拔除，此即“悲”。

迷的感情，会使心地黑暗；以智慧点亮心光，就能去除种种痴暗。

习佛法并非学聪明，而是要开智慧。智慧由定而生，若能心专念一，从事入理，即能产生智慧。

慈、善良的人，以乐人之乐为乐、利人之利为利，此即真正的智慧；如果以利己之利为利，则只是聪明而非智慧。

话要温和轻柔，态度要谦诚亲切，才能使人身心感到温馨而和乐。

明的人，心地常充满热恼，必须用智慧净水冲洗，才能透彻清凉！

【第二十一篇】

少欲知足

——洒一滴甘露

人应该摒除“自己不如人”的心念，用心于如何对待别人、帮助别人，才是真正少欲知足、快乐的人生。

世间的物质本来是为人所用，但不知足者因欠缺智慧，反沦为“被物所用”。

人生有求即多苦！如果只是一味地要求他人，会为自己招来无穷的痛苦。

人心的欲念，好比被太阳照射的沙漠一样——干燥饥渴；而佛法恰似甘露法水，时时滋润众生干涸的心田。

人生若能减低欲望，生活上便没有什么值得计较！

学佛的第一步是要少欲知足，使心灵安住，智慧增长。

无限的爱欲与情欲，是人生苦恼的根源。要去除这些苦恼，唯有——“知足”。

人常不满足，即使拥有了一分，还会想要更多一点。爱欲心若无法满足，就会一直处于欠缺中；如果能自我满足，就会处于安稳、快乐的环境。

做人应该时时感恩已拥有的一切，勤俭自持，发挥良能为社会付出；有钱出钱，有力出力，这就是无量的福慧功德。

行，衣食住行要简单，在简单中能生活得很美，就是知足；知足即心常乐。

知足的人，即使再怎么富有也常感缺乏，与贫困的人相差不了多少；而贫苦的人虽然物质缺乏，但如果知足，他的心灵也会很富有。

足的人，即使只有一分力量，也可以发挥一分功能，为人群奉献爱心。

病人愉悦的笑容最美丽动人，犹似乌云散尽后的熙日阳光，那份灿然，能使家属亲人、医师、护士安心宽怀。

【第二十二篇】

「我」怎么说？

——千锤百炼之后

无法要求他人把“不可能”的事变成“可能”；但是可以自我要求，将“不可能”的事转为“可能”。

人的个性，不要像山上刚炸碎的石头，每个角度都锐利而刺人，要如海滩小圆石的光滑，让人摸了很舒服。

能大智若愚的对待他人，才可免除计较而自在；能精明的对待自己，才能把握时日和人生。

做人固然不应将自我看得太重，但也不要自轻己灵。即使自己只是一根小螺丝钉，也要注意有没有锁上、锁紧，以便充分发挥功能。

都因为有一个“我”作中心,才有病态、有麻烦,所以要将“我”看淡些。

使众生离苦得乐,必须以“智慧”为中心,以“方便”为工具。

个人的言谈,是人格的表现,关系人一生的信誉。要立足社会,首先要能取信于人;若能笃信、诚实、慎守口业,则能树立自己的品格。

人批评,等于上了一课。应该认真听、仔细做,谨言慎行,去除我慢心,无我执、无我相,修心养性,端正自己的行为。

要求别人完美，不如先要求自我的完美；要别人适应自己，不如自己先去适应别人。

【第二十三篇】

舍

——两手空空放不下

就无量的功德，就是灭除无量的烦恼；舍苦恼的此岸，到达极乐的彼岸，谓之“得度”。

要常常为自己祝福——念念解脱自在。

何达到生死自在的境界？唯有靠平常多培养“能舍”之心，方达提得起、放得下之境界。

去眼前的烦恼，才能当下拥有慈悲的法喜。

【第二十四篇】

从慈济志业说起

——无量悲愿力

与其担心社会现状，不如化作信心，并付出一分爱心。

要勇敢面对现实，遇到困难要欢喜承担，把握人生做好事，聚合大力量为众生服务。

如果人人发挥慈悲心，即可形成“一眼观时千眼观，一手动时千手动”的“千手千眼观世音菩萨”，并具足无量悲愿的济世力量。

慈济委员必须维持美好的仪态：右肩荷担“佛教”精神，左肩荷担“慈济”形象，胸前佩挂自己的气质。

就菩萨道，必须经得起磨练。做慈济、学习做人间菩萨，必须认真做本分事，遭遇困难时，必须再接再厉去克服。

做慈济犹如推车上坡，参与的人要努力往上推，不可停顿，并要以信心和毅力突破困难、勇往前行。

悲济世的志业，可启发社会人心的良知良能。多一位慈济人，社会就多一个好人，所以要推而广之。

能成就一切道业；然而，道业也要“把握因缘”才能成就。慈济志业，即是修行“菩萨道”的最好因缘。

【第二十五篇】

度、无常、精进

——饮一杯智慧水

普度的意思就是解救倒悬。“普”是普遍；“度”是从此岸度到彼岸，转苦为乐。

摄为船师，摄就是接受；只要有信念，肯接受佛陀的教法，佛法就像是一条船，可以送我们到达解脱痛苦的彼岸。

信能渡渊——只要有信心，即使大河也可以设法渡过；反之，即使近在咫尺，也无法到达。

助念佛号，是安慰即将往生的人，使其心不恐惧，心灵得安详。

在平凡的人生中，自我约束行为、自我反省，把好的形态表现在日常生活中，就是“精进”。

众生因为认识不清，所以常把“无常”误为常、把不乐认为乐，也因心性颠倒而造作许多堕入地狱之恶业。

【第二十六篇】

戒杀与护生

——广庇天下尽欢颜

至诚的爱心，可以温暖人们心灵的凄凉。

贫困大多数由“病”而起，如能及时为其预防、治疗疾病，使其再站起来为家庭担当责任，就能恢复一个家的元气。

不杀生即是仁，仁者爱也。万法皆由爱心起，一切善行离不开爱，因为有仁心爱念就不忍杀生害命，进而能积极地救护一切众生。

有病的人我们帮他医疗，有急难需要帮助的人我们及时伸出援手，这些功德比放生还要大。

【第二十七篇】

这个关如何过？

——人生苦短

命只在呼吸间，如能抱着过“秒关”的心态，就会爱惜生命、珍惜人生。

能惜福的人就能行善，能行善的人必能时时快乐，这就是幸福人生。

光总是稍纵即逝，若不把握现在趁年轻时好好努力，等到年纪老迈时才想学习，往往就时不我予了！

若无所事事，只想着：痛啊！苦啊！那么时间只是平白地过去，痛苦反而更加严重。

生几十年的成就，都是由每一天的言行累积而成。所以，要照顾好每一天的言行。

有的人若不懂得善用财富，也会被社会人群所遗弃。其孤独与寂寞，恐怕比穷困的人还痛苦！

者因物质匮乏而苦，富者则因心灵空虚而苦。贫者千方百计地追求物质，所以极其烦恼；富者则担心失去已拥有，而无法轻安自在。

【第二十八篇】

做人与做事

——此心即道场

好事，需要你、我、他共同来成就。所以，不要有你、我、他的成见。

处理事情，感情要蕴藏在理智中；与人相处，则要把感情表现在理智上，如此才会事圆、理圆、人也圆。

直心即道场，直心即是诚实心。正直无谄曲之心，乃是万行之本。

做人处事以身教为重，先净化自己的身、口、意，才能感化他人，也才能真正做到庄严自己、尊敬他人。

常常因一念偏差而舍弃互爱互助的人生，变成贪求取夺、瞋恨残害的人生。追根究底，都是因贪求名利、欲乐而蒙蔽自己清净的本性。

第三集【第一篇】

爱与奉献

——谈人生

生只有使用权，没有所有权。

（一九九四年五月廿九日全省委员联谊会）

要活得健康，重要的是心理健康，人生才会幸福。

（一九九四年十二月廿五日晨语）

幸福不是财富多、权大、位高，而是自在、快乐、平安。

（一九九六年三月十九日中区会员）

人群服务，是“人生”；为生活服务，是“众生”。

（一九九六年六月十三日慈济护专毕业生寻根之旅）

人生的责任，是要做利益人群的事。

（一九九六年十二月一日慈院同仁静思体验营）

人生最大的惩罚是后悔。

（一九九六年十二月廿九日全省委员联谊会）

要看清人生的道理——以布施心转悭贪，以慈悲心转瞋恚，以智慧心转愚痴。

（一九九七年一月廿一日培训委员岁末联欢）

真理就是人生可行之路。

（一九九七年五月廿八日晨语）

常怀感恩心而不埋怨，人生道路才能畅通无碍。

（一九九七年八月一日志工早会）

有所求的人生，就有痛苦与烦恼。

（一九九七年十二月十四日环保志工寻根）

觉悟的人生，知道如何付出与造福。

（一九九七年十二月十四日环保志工寻根）

生命无价，会用才有价值，不会用则是白白浪费。

（一九九七年十二月廿二日药师法会）

天只有一次，应好好把握做该做的事。

（一九九八年十一月十六日志工早会）

若能融会贯通道理，人生的方向就不会走错。

（一九九八年十一月八日全省委员联谊会）

对人生有意义的事，才是生命真正的价值。

（一九九八年十一月八日全省委员联谊会）

有吃过苦的人生，就无法真正探讨道理，也无法充分发挥良能。

（一九九八年十二月十七日志工早会）

人生最有价值的，是健康的身体；比健康更有价值的，是正确的人生方向。

（一九九九年七月四日全省委员联谊会）

拥有正确的人生观，才能拥有幸福的人生。

（一九九九年七月四日全省委员联谊会）

生命的价值，在于能为人间负责任。

（一九九九年十二月七日北区岁末祝福）

人生要懂事、懂理；懂得做人、懂得付出。

（二〇〇〇年二月廿三日志工早会）

生难免遭遇挫折，要经得起考验，才能保住慧命，突破难关。

（二〇〇〇年十一月十七日志工早会）

生最宝贵的是生命，最痛苦的是病痛，所以拔苦从拔除病苦开始。

（二〇〇〇年十二月廿六日志工早会）

爱的人生才幸福。

（二〇〇〇年十二月三十日北区岁末祝福）

有使命的人生，是没有价值的生命。

（二〇〇一年二月十五日教师寻根）

爱心与奉献，就是美丽的人生。

（二〇〇一年三月十二日志工早会）

较少一点，付出多一些，就是可爱的人生。

（二〇〇一年四月十四日慈院医师座谈）

心睡、快乐吃、欢喜笑、健康做，是人生四宝。

（二〇〇二年四月廿二日志工早会）

来有“三好”：经验丰富好、健康长寿好、走入社会当志工更好。

（二〇〇二年十月十四日志工早会）

生无法掌握生命长度，却能自我拓宽生命的宽度与厚度。

（二〇〇三年二月廿三日志工早会）

然人生充满苦难与悲痛，但是也充满希望与爱。

（二〇〇三年三月十日与同仁谈话）

人生的挫折视为教育，不畏艰难、愈挫愈勇，即是生命的勇士。

（二〇〇三年十二月十四日志工早会）

谐的人生最美，安定的社会最幸福。

（二〇〇四年三月廿一日志工早会）

追求真善美，才能美化人生。

（二〇〇四年九月十八日与主管谈话）

简单，可以净化人生；复杂，会丑化人生。

（二〇〇四年十月二日志工早会）

苦难是一堂宝贵的人生课程。

（二〇〇五年一月廿二日志工早会）

宽广的欢喜心，接受过去所写的人生剧本。

（二〇〇五年八月十六日台中分会）

生富足之道，不在于物质，而在于自心。

（二〇〇六年一月八日志工早会）

生死，应了解如何去除烦恼。

（二〇〇六年一月廿七日美国董事会）

生到死的这段时日，重要的是立德与立行。

（二〇〇六年四月五日志工早会）

生没有回头的机会，遇逆境应勇敢面对。

（二〇〇六年五月廿八日草屯联络处）

惜生命并非计较寿命长短，而是应时时提高警觉，把握分秒利益人间。

（二〇〇六年十月十七日晨语）

能知理、惜理、守礼，就是光明磊落的人生。

（二〇〇六年十一月十五日志工早会）

秒钟一辈子，能恒持一念心，就是一生的方向。

（二〇〇六年十二月四日彰化感恩时刻）

生是否有价值，不在于他人眼光，而在于善用生命良能。

（二〇〇七年十一月七日晨语）

欲知足，是最富有的人生。

（二〇〇七年九月十六日海外干部研习营）

生活而工作，人生不快乐；为工作而生活，才是人生的真价值。

（二〇〇八年二月廿三日志工早会）

生困难重重，有心就不难。

（二〇〇九年二月三日志工早会）

论人生长短，只要真实地付出善念，就是很美的生命乐章。

（二〇〇九年三月二日志工早会）

【第二篇】人情练达

——谈世事

事显理，以理行事。

（一九八四年八月十二日委员联谊会）

人和睦才能欢喜、自在地过日子。

（一九九四年十二月一日晨语）

时竞争、接受考验，才会成功。

（一九九五年一月廿八日晨语）

事的艰难，不但是智慧的磨刀石，也能长养毅力与勇气。

（一九九五年二月廿五日与会众谈话）

善用世间财利益人群，获得轻安自在，才是真正属于自己。

（一九九六年二月十日委员受证）

省钱是美德，用钱用得有意义是功德。

（一九九六年三月廿三日慈诚会议）

人事逢逆境，当欢喜顺受，自有好因缘、好果报。

（一九九六年十二月七日晨语）

懂理的人，不一定懂事；懂事的人，一定懂理。

（一九九七年八月十五日志工早会）

命需用在人、事、理会合的生活中。

（一九九七年十二月廿二日药师法会）

人有事做，事事有人做，则愈做愈欢喜。

（一九九八年十二月廿三日北区干部座谈）

合、齐力，力量就大。

（一九九八年十二月廿六日北区委员联谊）

上课的精神，学习人生的真实。

（一九九九年六月廿四日志工早会）

用心就是专业。

（一九九九年六月廿七日慈诚精进佛二）

用志愿的精神从事专业工作，就会很愉快也很有价值。

（一九九九年十一月十八日本会同仁座谈）

有心做事的人，是“事因人做”，不是“因人做事”。

（一九九九年十一月廿一日全省志工干部研习营）

分秒必争，换一个工作方式就是休息。

（二〇〇〇年一月廿一日北区岁末祝福）

我管理，就是每个人应对自己负责、管理好自己。

（二〇〇〇年二月廿一日外宾访谈）

“工作认真”是正确的，对“是非认真”则是错误的。

（二〇〇〇年九月十二日人医会）

生的苦恼，莫过于与自己、人事过不去。

（二〇〇〇年十一月十七日志工早会）

人摩擦，应感恩对方愿意磨练自己，使我们的心灵光亮。

（二〇〇〇年十二月十三日与海外慈济人谈话）

爱自我管理，用爱关怀他人。

（二〇〇一年八月五日晨语）

导团队的良方，在“用智慧辅导，以爱心对待”。

（二〇〇二年二月一日与主管谈话）

于承担的人，会将压力转为使命，则力量源源不竭，能做得欢喜。

（二〇〇二年三月九日与同仁座谈）

讲太多，情就薄；情感淡薄，事难成。

（二〇〇二年四月十三日与同仁座谈）

人折磨，能注意不折磨他人，也是增添一分智慧。

（二〇〇二年五月十三日海外慈济人）

话多说，是非不谈。

（二〇〇二年十二月六日高雄岁末祝福）

合情、合事、合理，才是真理。

（二〇〇三年八月三十日台北委员慈诚联谊）

人是非莫计较，大是大非应明辨。

（二〇〇三年九月一日中坜联络处）

无杂念、凡事乐观、踏实做事，就会有智慧。

（二〇〇四年五月三十日北区委员慈诚精进）

人处事，在原则中有方便，在方正中有圆融，才能和谐。

（二〇〇四年六月廿五日与教育同仁座谈）

经人事磨练，磨不出柔软心。

（二〇〇五年四月十二日与会众谈话）

对困难，当下尽心、尽力、尽人事就对了。

（二〇〇五年四月廿四日与慈院医师座谈）

人虔诚，要尊重；对事虔诚，要感恩。

（二〇〇五年六月十九日屏东分会）

若能知苦，才能得乐。

（二〇〇六年一月廿八日晨语）

单就是美。

（二〇〇六年二月十五日晨语）

纯就是爱的力量。

（二〇〇六年六月二十日志工早会）

母是孩子的“模”，老师是学生的“样”；以好模样，培育孩子正确的人生观。

（二〇〇七年七月十四日教联会营队）

能指引正路，是良师；能同行正道，是益友。

（二〇〇八年二月二日晨语）

时虔诚，无不吉祥；日日好心，无不平安。

（二〇〇八年八月十四日志工早会）

事，若能平心面对，很快就会度过。

（二〇〇九年二月十六日北区委员慈诚座谈）

【第三篇】

和平美善

——谈大爱

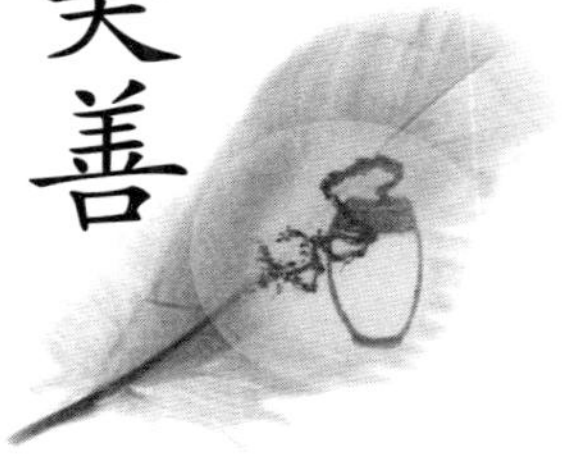

心的力量，比什么都有用。

（一九八九年十二月外宾访谈）

心是照顾好自心——对内，不起烦恼；对外，不破坏形象。

（一九九七年十二月廿七日海外慈济人寻根之旅）

会需要爱，人人需要爱；爱是人生最大的幸福。

（一九九八年八月九日全省委员联谊会）

有满满的爱，能化解仇恨与敌对。

（一九九八年十月十一日全省委员联谊会）

的力量，可以抚平心灵的不安，让社会安定祥和，消除一切的灾难。

（一九九九年一月十日全省委员联谊会）

大爱付出的愿，不会有失落感。

（一九九九年七月十五日外宾访谈）

生最丑陋的是私爱与仇恨；最美的是大爱与温情。

（一九九九年九月廿三日志工早会）

生有爱，同心同力就不孤单。

（一九九九年十一月十一日志工早会）

中有爱，也要“行”中有爱。

（二〇〇〇年十一月十六日志工早会）

越迷情小爱，才能爱得一方心无挂碍，一方解脱自在。

（二〇〇一年三月十八日与会众谈话）

爱包含小爱，小爱却无法体会大爱。

（二〇〇二年三月九日北区委员联谊会）

爱充满烦恼，大爱轻安自在。

（二〇〇二年九月十六日台东委员慈诚联谊）

爱，就没有距离；用爱调和，能消除社会乱象。

（二〇〇二年九月廿三日志工早会）

心最美，爱心的记忆最深。

（二〇〇三年一月十七日慈济中小学岁末祝福）

生的最后，奉献躯体作医学教育，是生命的勇者。

（二〇〇三年三月十六日大体老师追思会）

智慧，能发挥勇猛的大爱。

（二〇〇三年五月十七日志工早会）

求有私，会受环境控制；无求无私，才能勇敢坚定。

（二〇〇三年十月四日全省合心组精进）

宽恕由爱而起，是人间最动人的篇章。

（二〇〇三年十月十一日志工早会）

贫要用爱心，教富要用耐心。

（二〇〇四年二月十三日志工早会）

诚的爱，是天下和平、亮丽的力量。

（二〇〇四年八月廿九日文化交流团）

爱心，就能成为他人生命中的贵人。

（二〇〇四年十月三日志工早会）

放生的心态转为护生，才是真正的尊重生命。

（二〇〇四年十二月七日志工早会）

间何处非家人，天下无处不道场。

（二〇〇五年二月十日志工早会）

下一家亲，平安时要互爱，灾难来临时要互助。

（二〇〇五年九月十二日志工早会）

要有爱心，地狱也可以改造成天堂。

（二〇〇五年十二月四日海外委员慈诚培训研习）

医，是守护生命的磐石；人师，是守护慧命的磐石。

（二〇〇六年六月十六日志工早会）

出的爱有多宽，得到的爱就有多广。

（二〇〇七年二月廿五日实习医师受袍）

是致富的妙方。

（二〇〇七年九月二日志工早会）

爱无贵贱，众生皆平等，不分他你我，心善即气和。

（二〇〇七年十二月廿九日晨语）

爱人间除苦难，慈悲济世得欢喜。

（二〇〇八年五月廿八日晨语）

正的欢喜，不在于拥有多少，而是有爱。

（二〇〇九年一月十五日志工早会）

【第四篇】

永恒瑰宝

——谈行善

人发挥心中的爱，能凝聚善的福业，形成善的循环。

（一九九六年三月十日全省环保志工研讨会）

个人都有一念善心，只要被启发，爱心就能被点燃。

（一九九八年四月十二日全省委员联谊会）

鼓励善行，在于唤起人人清净的爱心。

（一九九八年四月廿九日外宾访谈）

心别人就是关心自己，救助别人就是救助自己。

（一九九八年十月十一日全省委员联谊会）

恼起于名利竞争，快乐来自及时行善。

（一九九八年十一月十七日北区慈济人联谊）

善如汲井水，即使汲取再多，仍会不绝地涌出，怕的是不掘井。

（一九九九年三月七日全省委员联谊会）

心做好事，自然就有福。

（一九九九年八月一日全省委员联谊会）

与不幸一念间，能付出是幸福，希望被帮助是辛苦。

（一九九九年九月一日志工早会）

无论路途坎坷或平坦，都应感恩铺路的人。

（一九九九年十二月廿八日志工早会）

布施，有形的救济别人，无形的帮助自己。

（二〇〇〇年一月十六日中区岁末祝福）

健康的人，要照顾不健康的人；平安的人，要照顾有灾难的人。

（二〇〇〇年十一月十一日荣董联谊会）

行善是本分、付出无所求，不执著“善有善报”，自然轻安自在。

（二〇〇一年二月三日外宾访谈）

与感恩是善的循环。

（二〇〇一年三月十八日志工早会）

心凝聚爱的力量，创造爱的循环。

（二〇〇一年十一月二日委员慈诚精进佛三）

做一件善事，就放下一项烦恼。

（二〇〇二年九月一日静思生活营）

心一启发，行善有信心。

（二〇〇二年十一月五日志工早会）

一分善，得一分福，就减一分灾难。

（二〇〇三年十二月廿八日北区授证暨岁末祝福）

间处处有温情，菩萨无处不现身。

（二〇〇四年七月十八日志工早会）

于付出，心灵富足。

（二〇〇四年十一月十九日志工早会）

善造福是福气。

（二〇〇五年十月十三日丰原联络处）

心、用心、集人人爱心；借力、用力、集人人大力。

（二〇〇五年七月廿八日志工早会）

善需大家做，力量才会强；福需大家造，福气才会大。

（二〇〇五年十月十六日与印尼慈济人谈话）

中有爱才有福，有付出才有所得。

（二〇〇五年十月廿六日药师法会）

一念好心，则结一分好缘；说一句好话，则多一分欢喜。

（二〇〇六年二月八日晨语）

启发良知，才能发挥良能。

（二〇〇六年十二月廿九日高雄岁末祝福）

付出有所求，求不得，苦不堪言；若求得，欢喜也短暂。

（二〇〇七年二月廿八日志工早会）

为善要有自信，才能发挥不畏惧的坚定力量。

（二〇〇七年三月二日晨语）

发好心，就有正确的方向；立好愿，就有付出的力量。

（二〇〇七年十二月卅一日宜兰岁末祝福）

贫穷是一时，能启发出爱心，才是永恒的富有。

（二〇〇八年一月廿九日志工早会）

心中有爱，就是富有人生；福缘共聚，就是美善人间。

（二〇〇八年三月二日志工早会）

好人多，福气与善的力量就大。

（二〇〇八年六月廿三日海外慈济干训营）

人人起一念善，造一分福，可以汇聚为福气，消弭灾殃。

（二〇〇八年七月一日屏东慈济人）

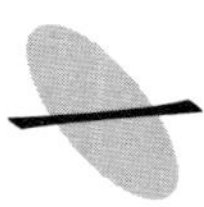

人一善，点滴付出，可以让人人心地滋润到爱的甘露。

（二〇〇八年十月十四日志工早会）

志一同的人时时彼此鞭策、勉励，才能照顾好自己一念善心。

（二〇〇九年五月廿一日志工早会）

【第五篇】

善顺不逆

——谈行孝

行善、行孝，不能等。

（一九九三年三月廿七日幸福人生讲座）

大孝之心，即是大爱之心。

（一九九四年八月十七日晨语）

爱惜、培育子女是责任；孝顺、供养父母是本分。

（一九九六年六月五日志工早会）

报答父母恩，莫过于发挥良能，为人群付出，即是大孝。

（一九九七年一月廿一日高雄委员受证）

庭的幸福，从“孝”开始。

（二○○○年十二月廿八日北区岁末祝福）

善以爱传家，是无上至宝。

（二○○○年十二月三十日北区岁末祝福）

庭是永久的学校，父母是终生的老师。

（二○○二年七月廿三日教师联谊会）

敬父母，不仅物质奉养，还要服从、尊重，才是既“孝”且“顺”。

（二○○四年七月廿二日静思语教学研习营）

道走得通，善道才能毫厘不差。

（二〇〇五年八月一日志工早会）

真正的孝顺，是立身而行道。

（二〇〇六年八月四日志工早会）

父母欢喜、安心，就是孝顺。

（二〇〇七年四月五日志工早会）

【第六篇】

镌琢足印

——谈实践

过一天，不如实用一秒。

（一九八八年十月二日晨语）

不做，才困难；路不走，才遥远。

（一九九二年一月廿六日委员受证）

做多得，少做多失。

（一九九二年五月十六日志工早会）

精进向前走，努力做，就不迟。

（一九九四年十一月二十日全省委员联谊会）

恩过去，展望未来，把握现在。

（一九九五年一月廿三日晨语）

不是用求的，是用做的。

（一九九五年九月十七日全省委员联谊会）

生要恒持当下这一刻，不要空谈、妄想。

（一九九七年二月三日薪传营）

握当下，恒持刹那。

（一九九六年十二月十四日北区委员）

诚地为人群服务，不要“加减做”，加加减减就不会进步。

（一九九七年一月十五日北区岁末祝福）

做的事，要有毅力与勇气，坚持到底不畏艰难。

（一九九七年一月十七日委员受证暨岁末祝福）

恩要表于行动。

（一九九七年六月十日北区委员）

握当下做得欢喜、心安，就能得到道理。

（一九九八年三月十九日志工早会）

正、路正，走下去就不会偏差。

（一九九八年八月八日慈诚精进佛二）

要将困难当助力，不要当阻力。

（一九九八年八月廿四日慈济人文营）

要怕压力，只要自问做得对与否。

（一九九八年十二月廿九日海外慈青座谈）

理不在于听得多，而是能实践。

（一九九九年四月四日全省委员联谊会）

有感动还不够，一定要行动才能深刻体悟。

（一九九九年五月十一日海外慈济人）

多少时间，就要走多少路、做多少事。

（一九九九年十月廿四日志工早会）

毅力、勇敢，坎坷的道路也能走到平坦。

（一九九九年十月二十日志工早会）

才有心得；付出，才有力量。

（一九九九年十一月廿七日中区慈诚联谊）

不在深，而在能行。

（一九九九年十二月十日台北同仁座谈）

足能行万里路，双手能做天下事。

（二〇〇〇年二月廿七日全省精进组研习）

步都要用心当下，若走一步、看一丈，脚步容易踏空。

（二〇〇〇年十一月十八日高雄委员精进研习会）

清楚、笃定内心方向，就不会计较。

（二〇〇〇年十二月廿五日海外慈青研习营）

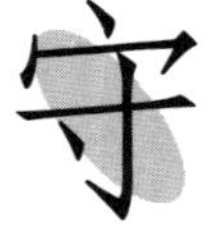

住现在，就是守住未来。

（二〇〇一年四月廿九日静思生活营）

该做的事，排除万难也要完成；不该做的事，无论任何困难，也要坚持立场。

（二〇〇〇年八月四日志工早会）

健康康时，就做来“囤（积）”，不要做来“抵（消）”。

（二〇〇〇年十一月廿六日志工早会）

做事、不动手就事事困难，只要有心动手做，沙漠也会成绿洲。

（二〇〇一年四月十三日志工早会）

定的方向是对的，就要大步向前迈进，做就对了。

（二〇〇一年五月五日药师法会）

辛苦的付出，才有美满的结果成就。

（二〇〇一年五月廿七日静思生活营座谈）

事不做，大事难成。

（二〇〇二年七月十五日志工早会）

简单的事能坚持，才是真本领；困难的事能突破，才是真耐心。

（二〇〇二年七月廿四日志工早会）

说做、想做，不如动手做。

（二〇〇三年八月廿七日教师合心共识营）

管理不是开口指挥他人，而是身体力行做好榜样。

（二〇〇三年十二月四日志工早会）

知道，是知而行道；能“行道”才是真“知道”。

（二〇〇五年八月廿九日志工早会）

想得通，才做得到；做得到，才能引导他人。

（二〇〇五年十一月廿八日晨语）

不如行；说，不如做。

（二〇〇六年七月廿二日泰国董事会）

亲身体验，见苦才能知福。

（二〇〇六年七月三十日志工早会）

历史是时间的累积，把握时间就能创造历史。

（二〇〇七年二月十四日海外慈济人会报）

字下有分“寸”，才能“导”人向善就理。

（二〇〇七年七月八日志工早会）

悲不只用口说，而是要身体力行，走入人群付出。

（二〇〇八年十月一日志工早会）

命的乐趣是亲身付出，发挥生命的价值。

（二〇〇八年十月三日海外寻根研习）

找生命的答案，在于身体力行的体悟。

（二〇〇九年四月一日志工早会）

【第七篇】

圆融无碍

——谈福慧

若不知人生是苦，智慧就无法开启。

（一九九五年四月四日台北组长座谈）

懂得惜福，就会造福；真正造福的人，才是真富有。

（一九九六年一月廿二日北区岁末祝福）

执着，才能得智慧。

（一九九六年十二月四日志工早会）

福，应知福、知足。

（一九九八年七月三日志工早会）

出爱心予人群，对己就是造福业、得福果。

（一九九八年十二月六日全省委员联谊会）

生苦，要苦得有价值，不离菩萨心，不离教化众生。

（一九九九年四月廿三日高雄委员慈诚联谊）

爱心就有福气、毅力，才有智慧。

（一九九九年六月六日全省委员联谊会）

慧与烦恼如天平——烦恼多一点，智慧就少一点；烦恼少一点，就增一分智慧。

（一九九九年八月廿八日慈诚精进佛二）

命健康需要活动，慧命健康需靠精进。

（一九九九年十一月十六日志工早会）

能造业，也能造福；造业是迷信，造福是正信。

（二〇〇〇年十一月十四日志工早会）

富，是启发智慧；济贫，是造福人群，也就是福慧双修。

（二〇〇〇年十二月廿九日北区岁末祝福）

爱是报恩，付出是感恩。

（二〇〇一年五月五日志工早会）

拥有，有“拥有”的烦恼；无，有“无”的解脱。

（二〇〇一年五月廿七日静思生活营）

烦恼不除，慧不生；不造福，则福不生。

（二〇〇二年二月廿五日与外宾座谈）

懂得惜缘的人，能与人结好缘；懂得惜福的人，能积极再造福。

（二〇〇二年三月廿三日晨语）

真正的福德，是以平常心守本分、勤付出。

（二〇〇二年四月五日晨语）

真正的“福”，是造福人间。

（二〇〇二年六月一日与会众谈话）

自求多福，就是身体力行多造福，才能多福气。

（二〇〇二年十月廿五日志工早会）

福从做中得欢喜，慧从善解得自在。

（二〇〇三年一月卅一日志工早会）

要周“修”，不要周“休”；要福慧双“修”，不要福慧双“休”。

（二〇〇三年三月五日彰化慈济人联谊）

知福中培养感恩，从惜福中培养关怀，从造福中培养智慧。

（二○○四年十月十三日志工早会）

福的同时，要撒下福的种子，方能生生不息。

（二○○五年三月十日志工早会）

有受灾就是福，能投入做帮助人的人，就是“福中福”。

（二○○五年八月十一日屏东分会）

事要脚踏实地，用生命落实慧命。

（二○○五年十一月十四日与同仁谈话）

知识，只是晓了所学；智慧，则能理通无碍。

（二〇〇六年八月十日志工早会）

智慧让爱不变质、不染著。

（二〇〇六年九月五日志工早会）

智慧，是心宽念纯、海阔天空，用爱拥抱大地苍生。

（二〇〇七年一月八日台中岁末祝福）

善念时时生，慧命日日增。

（二〇〇七年五月卅一日周年静态展）

善好施得福报，知足善解得智慧。

（二〇〇八年二月一日晨语）

福者，时时平安；修慧者，日日心宽。

（二〇〇八年二月十三日志工早会）

福别人，就是造福自己。

（二〇〇八年二月十九日志工早会）

智慧行慈悲路，才不会差之毫厘，失之千里。

（二〇〇八年七月卅一日晨语）

知识未必有智慧，有智慧的人能利益人群。

（二〇〇八年十一月十三日中区环保志工联谊）

要人祝福，不如自己付出造福，如此爱与福都有余。

（二〇〇九年二月三日同仁新春团拜）

【第八篇】

自觉觉他

——谈学佛

心不分远近，慈悲没有敌对和亲爱。

（一九九二年十一月十八日药师法会）

佛不要怕磨，污染磨尽，佛性自然现前。

（一九九六年三月七日志工早会）

正的法喜，是做了之后的欢喜。

（一九九六年九月十二日北区委员联谊会）

有苦，就无法体悟乐的真谛，重要的是如何转苦为乐。

（一九九六年十一月九日大体捐赠关怀小组）

人安定、幸福，是大慈心的作用；用心救拔、度化，是大悲心的发挥。

（一九九七年二月廿四日静思精舍）

悲心要如天地宽、日月明。

（一九九七年三月廿七日晨语）

法就是奉献无所求，轻安自在是学佛最高境界。

（一九九七年十二月七日北区慈诚培训）

悲要从内心启发，造福要用身体行动。

（一九九七年十月十九日晨语）

有慈悲心，就是佛心；有爱心、毅力，投入人群付出，是菩萨心也是菩萨行。

（一九九七年十二月六日人文志业同仁）

以为自己最好或不如人，都是内心的障碍；能去我执，才能轻安自在。

（一九九八年九月廿四日环保志工联谊会）

学佛，要学“明白道理、把握人生、身体力行”。

（一九九八年十一月八日全省委员联谊会）

以“慈悲”为原点，用“喜舍”为推动力向前进步。

（一九九九年四月廿四日高雄培训委员慈诚）

顺境用“无常观”，处逆境用“因缘观”。

（一九九九年十月十四日关怀组委员座谈）

每件事、每个人都感恩，就能化贪心为慈悲心。

（一九九九年十二月廿九日志工早会）

谓“觉悟”，是懂得什么是人生，该做什么事。

（二〇〇〇年一月廿七日志工早会）

服百岳山，不如征服无明关。

（二〇〇〇年五月三十日志工早会）

佛法做人间事，在人间修佛法行。

（二〇〇一年五月十六日药师法会）

明无染污的觉悟，都是要从凡夫地发心立愿修行而得。

（二〇〇一年七月廿二日晨语）

悔就是洗心，如清泉流过心田，洗净染污的心地。

（二〇〇一年十月一日志工早会）

心端正，佛心生起，心魔自破。

（二〇〇一年十一月廿二日高雄委员慈诚）

启心胸，才能发挥无量的慈悲，获致真正的智慧与功德。

（二〇〇二年九月八日中坜园区）

生活中体认佛法，在人群中体会世间法。

（二〇〇二年九月廿七日北区培训委员研习）

人间菩萨，必须先做好个人的修养。

（二〇〇三年八月廿九日志工早会）

“经”不只是口念，而是用双手做、双脚走，为世间疾苦付出。

（二〇〇三年九月廿三日志工早会）

人自爱、自爱爱人，就是佛心、菩萨心。

（二〇〇三年十二月三十日台中授证暨岁末祝福）

夫是“命运”随业转，觉悟的人则能“运命”。

（二〇〇五年七月九日志工早会）

求菩萨保佑，不如反求自心。

（二〇〇七年二月五日北区岁末祝福）

寸感恩心，步步觉有情；觉有情，就是无私的爱。

（二〇〇七年二月十七日志工早会）

中有佛，行中有法，法中有禅。

（二〇〇七年八月十五日两岸慈中师生人文营）

大慈悲心实践大爱，以大智慧力超越烦恼。

（二〇〇八年一月廿六日晨语）

悔无怨，见证慈悲；无忧无求，体证喜舍。

（二〇〇九年三月十八日志工早会）

恩是智慧，付出是慈悲。

（二〇〇九年四月十九日药师法会）

食可培养耐力、慈悲与智慧。

（二〇〇九年四月廿八日志工早会）

【第九篇】

归向真如

——谈心性

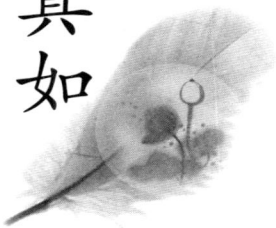

心、包容，是快乐的泉源。

（一九九四年四月十日北区医疗志工）

若照顾得好，人生就快乐；反之，则苦难偏多。

（一九九六年五月廿五日晨语）

愿做，欢喜受。

（一九九五年一月廿二日全省委员联谊会）

者心安，亡者才能灵安。

（一九九五年三月四日台北委员）

用心，道理就在眼前；不用心，真理远在天边。

（一九九七年三月五日晨语）

念难免起伏，要有毅力降伏，让心在轻安、清净的境界。

（一九九七年五月卅一日晨语）

观与悲观是一体，只要心念一转，也能将悲观转成乐观。

（一九九七年十二月九日外宾访谈）

要让外境影响内心，要发挥毅力用心转境。

（一九九八年二月十五日晨语）

路不如找心，问路不如问心。

（一九九八年八月廿二日南区委员慈诚共修）

心，才能明心见性。

（一九九九年十月十二日北区委员慈诚）

体可以累，心灵不要累；因为心灵是慧命的泉源。

（一九九九年十月廿四日志工早会）

体有病不可怕，可怕的是心有病；物质缺乏不可怕，可怕的是心灵贫穷。

（二〇〇〇年一月五日志工早会）

宽不如心宽。

（二〇〇〇年一月七日台东岁末祝福）

灾出自人祸，人祸源自人心。

（二〇〇〇年十一月十二日全省委员联谊会）

心是生命的泉源。

（二〇〇一年十一月九日晨语）

病需要心药医，最好的心药是专心、去除杂念。

（二〇〇一年十一月三十日晨语）

欢喜，则乐观；心埋怨，则生憎恨。

（二〇〇二年三月一日志工早会）

能知足，不会彼此怀疑；心存感恩，则能以爱相待。

（二〇〇二年五月十一日与海外慈济人谈话）

朗、乐观，是预防心灵病毒的良方。

（二〇〇三年五月二日志工早会）

单，才真正有福；单纯，才真正快乐。

（二〇〇四年三月十日志工早会）

灵健康三要：乐观、善解、有爱。

（二○○四年四月廿一日志工早会）

想“做不到”的事，不烦恼“不能做”的事。

（二○○四年六月二十日海外慈济干部）

欲无求、少烦少恼，就容易开启心门拥有智慧。

（二○○四年八月五日协力组队精进）

界来时要惜缘，去时要自在，让心不受烦恼所困。

（二○○四年八月五日中区委员慈诚）

防心灵灾难，需要教育，培养出耐磨、抗压的健康心灵。

（二〇〇四年八月廿一日志工早会）

时清除心中阴影，才能明朗人间事。

（二〇〇五年七月三日志工早会）

生懊恼，会囤积烦恼；心甘情愿，则能欢喜付出。

（二〇〇五年七月十一日静思精舍）

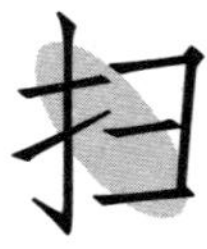

除心灵阴霾，则能显现亮丽本性。

（二〇〇五年七月十二日志工早会）

无缘的人，不起排斥、恼恨心；对有缘的人，不起贪著、执爱心。

（二〇〇五年十一月四日晨语）

下执著，则和气无处不在。

（二〇〇六年六月一日与会众谈话）

正念而无欲念，是最好的养生之道。

（二〇〇六年六月十八日海外培训委员）

所谓“难过”，并非时间漫长难度，而是心念卡住过不去。

（二〇〇六年六月七日海外慈济人谈话）

灵的欲念，是引发人生最痛苦的因。

（二〇〇六年六月十八日培训慈济委员）

宽就是善，念纯就是美。

（二〇〇六年六月廿四日志工早会）

体残缺不可怕，可怕的是心灵残缺。

（二〇〇六年七月六日志工早会）

灵环保，在于看得开、放得下。

（二〇〇七年四月廿二日志工早会）

平，路就平；心宽，路就宽。

（二○○七年九月五日药师法会）

要做心地农夫，自我耕心田，也在人人心中耕福田。

（二○○八年一月四日北区岁末祝福）

要自心有力量，就可以挑起使命，不怕外来的压力。

（二○○八年二月廿三日志工早会）

要甘愿、乐观，人生没有过不去的苦。

（二○○八年九月六日志工早会）

谅或怨恨，只是一念心；心念一转，能包容一切。

（二〇〇八年十月七日晨语）

观自性是最美的风光。

（二〇〇九年四月廿五日志工早会）

【第十篇】

德备品端

——谈人格

格升华，需有成人之美、包容之德。

（一九九一年十二月七日中区联谊会）

做人不要争“一口气”，而是要多“一点志”。

（一九九一年十二月七日中区联谊会）

理想必须坚持，道德勇气需以毅力向前行，不能停滞。

（一九九五年二月廿六日外宾访谈）

能升华人格的，不是威权，而是爱心的关怀。

（一九九六年一月廿七日高雄慈诚岁末祝福）

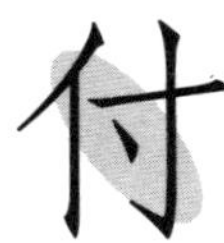出之后心有所得，表现于外就是“德”。

（一九九六年九月三日懿德母姊研习营）

因他人辱骂而生气，受人夸赞而高兴，叫做“平常心”。

（一九九六年十二月五日晨语）

观自己，就是要做得让人相信。

（一九九七年五月三日静思生活营）

立志，就会向上精进；不肯立志，就是向下堕落。

（一九九七年五月十日北区慈诚）

理想要高远宏观，脚步要落实当下。

（一九九八年五月四日高雄委员慈诚）

建立人格的第一步是“信”。

（一九九八年十一月廿九日北区培训慈诚寻根之旅）

外在的形象，可显现内在的品行。

（一九九八年十二月九日懿德母姊会）

生的学问无论多高，最重要的是不忘本，能照顾好自己的品格。

（一九九八年十二月廿七日颁发奖学金）

只有感恩的本分，没有埋怨的权利。

（一九九九年六月廿六日高雄委员精进研习）

要自己快乐，先让别人快乐；要自己成功，先看别人成功。

（一九九九年七月廿一日晨语）

心立愿，是制造人生幸福的原动力。

（一九九九年九月一日志工早会）

正受人尊敬的是节与志；做人有章节，不要贪求无厌。

（二〇〇〇年四月五日志工早会）

持戒守规是最可贵的德行。

（二〇〇〇年十二月廿五日晨语）

懂得生活礼仪，就懂得爱自己；自爱的人，才会爱人。

（二〇〇一年五月五日慈诚懿德培训）

大心、立大愿，身体力行亲身体悟，德才能显现。

（二〇〇一年七月廿二日晨语）

缘是付出的结果，得到他人的欢喜、信任和佩服。

（二〇〇一年七月三十日晨语）

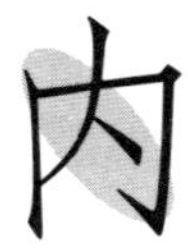

心常存仁德，至诚待人，自然得人心。

（二〇〇一年七月三十日晨语）

贪念而侵夺他人，实则伤害自己的人格。

（二〇〇二年二月三日晨语）

放下身段，才有伟大的人格。

（二〇〇二年二月十七日志工早会）

德是本分事，礼仪是做人的规则。

（二〇〇三年一月三日北区授证暨岁末祝福）

资生活要往下比，人格品德向上提升。

（二〇〇四年四月五日大爱台同仁座谈）

文是生命的结晶，人格的升华，也是慧命的成长。

（二〇〇四年十一月廿一日慈悲队喜舍组培训）

性之富，富在有德；品行之贵，贵在重孝。

（二〇〇五年七月廿四日志工早会）

诚行正，立信笃实。

（二〇〇五年九月十一日志工早会）

之美，在于德；展现于做好事、说好话、发好心。

（二〇〇六年九月三日志工早会）

礼的人，人见人欢喜；讲理的人，人见人尊敬。

（二〇〇七年七月廿二日志工早会）

理道德是人类的希望，也是幸福的基础。

（二〇〇七年七月廿二日志工早会）

者理也，先知礼，才能识理、懂理。

（二〇〇七年九月廿八日志工早会）

善要诚，处事要正，做人有信，待人要实。

（二〇〇八年五月廿三日志工早会）

物质可以贫，但是心灵、志气不能贫。

（二〇〇九年三月四日志工早会）

知足少欲藏大富，任劳不悔大愿力。

（二〇〇九年三月十五日志工早会）

仪，是在举手投足的方寸中。

（二〇〇九年五月十二日志工早会）

【第十一篇】

涤心净澄

——谈清净

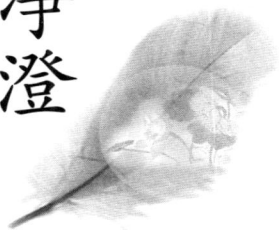

改变自己、净化自己，才能改变别人、净化别人。

（一九九六年一月廿二日北区岁末祝福）

世界需要和平，社会需要祥和，人心需要和气。

（一九九六年七月一日晨语）

信己无私，信人人有爱。

（一九九七年十月十八日静思生活营）

人起一念清净心，合力能化秽土为净土。

（二〇〇九年五月十八日志工早会）

心自危，是动荡的根源；人人安心，社会才能安定。

（二〇〇〇年十一月廿四日志工早会）

“利”要谈天下利；说“爱”要说众生爱。

（二〇〇〇年十二月廿九日北区岁末祝福）

会乱象，源于人心不知足。

（二〇〇一年一月三十日志工早会）

净化人心，应先点亮自己的心灯，再做提灯照路人。

（二〇〇一年二月五日教师培训）

化人心，需用爱心付出、用智慧辅导、用耐心陪伴。

（二〇〇一年六月四日高雄慈诚联谊）

味地想改变别人，不自我修正，会造成心灵失调。

（二〇〇一年六月三十日志工早会）

心照顾好，社会祥和；把心安住好，人间有福。

（二〇〇一年七月卅一日志工早会）

悔即清净，发愿即有福。

（二〇〇三年一月三日北区授证暨岁末祝福）

净的生活，从斋戒开始。

（二〇〇三年六月一日志工早会）

善解过滤是非，让浊流化成清流。

（二〇〇四年五月九日合心和气功能组研习）

一分烦恼，能得一分清净；舍一分财物，即得一分轻安。

（二〇〇六年三月八日晨语）

防天灾的最好方法，就是净化人心。

（二〇〇七年二月十三日志工早会）

持清净的心，不贪婪，心平静，人则安。

（二〇〇九年一月五日丰原岁末祝福）

诚地表达无私的爱，可以净化一切。

（二〇〇九年二月十八日药师法会）

【第十二篇】

守志循轨

——谈行止

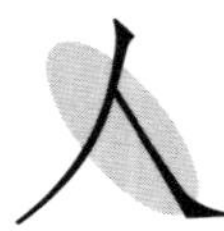

人生不怕错，只怕不改过。

（一九九〇年八月五日花莲精进共修）

凡夫难免有缺点，若能勇于改过，必得完美的人生。

（一九九四年一月廿三日晨语）

改除习气，不与人计较声色，要和自己计较是否精进。

（一九九四年七月十九日委员佛一）

小事善解，大事包容。

（一九九五年一月三日海外慈青）

天地为教室，每个人、每件事，都是教科书与学习的对象。

（一九九五年三月五日北区教联会）

一个好习惯，就少一个坏习惯。

（一九九五年八月二日懿德会）

镜中人笑，照镜的人要先笑。

（一九九五年九月十三日懿德会）

而学，学而做，做才说。

（一九九五年十二月九日海外教师研习营）

尽本分，得本事。

（一九九六年九月十二日北区委员联谊会）

缩小自己，则海阔天空；扩大自己，则无路可走。

（一九九六年九月廿三日花莲本会同仁）

无所求，则安。

（一九九六年十一月九日培训委员皈依）

心中有清流，行中有和风。

（一九九六年十二月廿二日同仁寻根之旅）

保自我警惕的心，懂得如何做对的事，人生就不会后悔。

（一九九八年六月十六日志工早会）

手做好事是利益人群，做错事是害人不利己。

（一九九九年六月廿六日台北环保志工参访）

笑是最祥和的语言。

（二〇〇二年八月九日文化交流团行前叮咛）

是素食，戒是规矩；珍惜自我生命，更要尊重万物生灵。

（二〇〇三年六月一日志工早会）

无论处于任何领域，坚守岗位、向前精进，才能成功。

（二〇〇三年六月八日志工早会）

善尽自我本分，是持戒；毫不保留地付出力量，是布施。

（二〇〇三年六月八日志工早会）

真正的美，在于身形端庄、气质优雅。

（二〇〇四年十一月四日志工早会）

戒慎不恐惧，要戒慎虔诚。

（二〇〇四年十二月三十日北区岁末祝福）

于承担，才有改变的机会。

（二〇〇五年七月八日志工早会）

著与把握不同——执著是为己而争，把握则是当下付出。

（二〇〇五年十月十日志工早会）

诚、行正，就能受人肯定信任。

（二〇〇五年十二月十七日中区受证暨岁末祝福）

力若正，毅力就无穷尽。

（二〇〇八年五月八日志工早会）

生命的字典，不要有“难”字；面对困难，要坚定信心努力克服。

（二〇〇八年九月九日晨语）

真诚的微笑与祝福，是安定人心的大力量。

（二〇〇九年二月十三日志工早会）

行正道、走正门，以外在行动表现内心正念。

（二〇〇九年二月廿七日高雄慈济人座谈）

若能心正、念不偏，有定力坚守岗位，则事无不成。

（二〇〇九年三月二日志工早会）

【第十三篇】

红尘自在

——谈处世

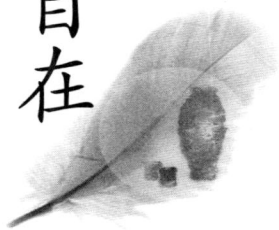

福人群，就是富有自己。

（一九九四年三月三十日会员参访）

生纵遇坎坷也要向前走，才会接近目标。

（一九九六年八月廿五日志工早会）

要有信心，没有做不好的事；只要肯忍耐，没有担不起的重任。

（一九九六年十二月七日静思生活营）

妻之间要比谁爱谁，不要比谁怕谁。

（一九九七年三月廿三日教师联谊会）

快乐生活，需先学做人；学做人，应先懂得如何爱人。

（一九九八年六月十六日志工早会）

间用过以后有成果，即“够用”；用很多时间却无所得，即“不够用”。

（一九九八年十一月一日同仁营队）

喜就不怕艰难；有感恩的心，才能凝聚力量。

（一九九九年十一月七日集集大爱村启用）

时的灾难，不是一世的落难；提起信心，就能发挥志气与良能。

（一九九九年十月廿二日南区培训委员慈诚）

要明日平安，就要将今日做好。

（二〇〇〇年二月十日同仁新春团拜）

人有错，要“尊重的提醒”；受人指正，应“感恩的接受”。

（二〇〇〇年三月四日晨语）

世的灾难，要有警世的觉悟。

（二〇〇一年十月六日同仁人文营）

对扭曲或责难，要有化杂音为零的功力。

（二〇〇一年七月一日捐髓小组会议）

足、感恩，植福因；善解、包容，消旧业。

（二〇〇一年九月十四日志工早会）

要为善合心，不要为善竞争。

（二〇〇一年九月廿二日志工早会）

死不可怕，怕的是对世事看不开，对己放不下。

（一九九五年六月廿九日高雄分会）

死大事，能看得开、想得通，就能安然自在。

（一九九七年十月十九日大体捐赠关怀小组研讨会）

间路坎坷难行，只要甘愿付出，心常欢喜，则不以为苦。

（二〇〇八年八月八日晨语）

戏人间，烦恼要放下，做事要用心。

（二〇〇二年八月三日慈济大专青年联谊会）

人要放下身段、缩小自己，如微尘无处不在，发挥纳米般的良能。

（二〇〇四年六月廿一日海外干部研习营）

和无是非，包容则圆融。

（二〇〇五年三月十七日台北慈院志工座谈）

握时间，珍惜空间；人与人之间要感恩、尊重、爱。

（二〇〇五年七月七日大专心灵成长营）

心和，气就和，大地也会平安。

（二〇〇六年五月廿八日草屯联络处）

卑是自己最大的杀手与敌人。

（二〇〇六年六月廿九日志工早会）

己知足，对人无争，人与人之间以善念、善行互动，自然平安自在。

（二〇〇六年九月十八日志工早会）

话要仔细，说话要小心。

（二〇〇六年九月十二日与海外慈济人座谈）

个人都是道场，每个人生都是一部经藏；为人群付出，就会增长智慧。

（二〇〇六年十一月廿一日志工早会）

爱则人和；人和就平安。

（二〇〇七年一月廿一日志工早会）

人相处要合群，但不要随波逐流。

（二〇〇七年九月十三日志工早会）

和万事兴。

（二〇〇八年一月三十日志工早会）

足善解常自在，不因是非起烦恼。

（二〇〇八年二月一日晨语）

足的人，不会贫乏。

（二〇〇八年二月十三日志工早会）

欲缩小到零点，爱心扩大遍虚空。

（二〇〇八年五月十五日川缅赈灾会议）

惜生命是本分，尊重互爱是福分。

（二〇〇八年六月十日志工早会）

恩，是世间最美的语言，也是人与人之间最真诚的对待。

（二〇〇八年八月十日志工早会）

人结好缘，句句话都是法；与人结恶缘，句句话成是非。

（二〇〇八年十月十五日晨语）

用菩萨的智慧，看待家人；用父母的包容，关怀天下人。

（二〇〇九年一月十八日志工早会）

宽，不伤人；念纯，不伤己。

（二〇〇九年二月十八日北区委员慈诚座谈）

念无私天地宽，与人相处互为信。

（二〇〇九年三月五日志工早会）

正大爱无敌对，信实良知有感恩，慈悲心境宽包容，喜舍无私念纯真。

（二〇〇九年三月十日志工早会）

之以礼，育之以德；传之以道，导之以正。

（二〇〇九年四月十日志工早会）

【第十四篇】

法水入心

——谈修行

力不可转，但是缘可造，应广结善缘。

（一九九三年九月廿四日晨语）

祷，是归向、反观本性，以显清明自性。

（一九九三年十二月廿五日外宾访谈）

满爱的付出而没烦恼、很洒脱，是修行的目标。

（一九九六年六月六日志工早会）

真不实而相信，是迷信；人云亦云，是无知。

（一九九六年十一月十日北区干部）

行并非比赛，而是练就自己的耐力、定力与宽广的心。

（一九九七年一月一日晨语）

行不只有耐力，还要耐怨，才会圆满人格。

（一九九七年四月廿五日志工早会）

头巷尾是道场，好修行。

（一九九八年三月四日北区环保志工）

缘、恶缘，都在语默动静中；好话让人心开意解，坏话让人心起烦恼。

（一九九八年十一月四日晨语）

无争，并非事事不理，而是与人合心、和气、互爱、协力。

（二〇〇一年一月廿二日静思精舍）

能开启智慧、美化生活，都是善法。

（二〇〇一年二月四日教师培训佛一）

做中学，学中觉，觉中做。

（二〇〇一年六月廿七日志工早会）

从没有杂念、恶意，培养善念，还要进一步——不执著。

（二〇〇一年十一月六日晨语）

心为善，和气同道，互爱扶持，协力推动。

（二〇〇二年一月廿二日中区委员慈诚受证）

秒不空过，步步踏实过；善念不间断，好事日日做；妙法时时用，法喜多分享。

（二〇〇二年五月十三日全球慈济人精进佛一）

悲需是非分明；道德需有毅力、勇气。

（二〇〇三年八月廿七日志工早会）

而无忍”是真修行；忍无可忍而以牙还牙是凡夫。

（二〇〇三年九月四日中区委员慈诚会议）

年是“减一岁”，必须把握时间精进。

（二〇〇四年一月卅一日全省合心组队研习）

持正法，就没有担忧、惶恐。

（二〇〇四年五月廿八日北区委员慈诚精进）

行无他法，在于多用心。

（二〇〇六年一月廿二日晨语）

将“辛苦”视如“幸福”，就能甘愿而不会累倒。

（二〇〇六年九月廿七日志工早会）

己，修正行为；对外，付出良能。

（二〇〇七年三月十八日志工早会）

法度己，智慧成长；再度他人，就是“回自向他”。

（二〇〇八年四月四日中区慈济人座谈）

接受法，成长慧命；获得回响，就是“回因向果”。

（二〇〇八年四月四日中区慈济人座谈）

入心，才“有法度”，自度再度人。

（二〇〇九年二月十七日北区和气组队座谈）

“念纯”自修——心念单纯能自爱；以“心宽”待人——广结善缘心宽阔。

（二〇〇九年三月一日屏东感恩时刻）

【第十五篇】

会理利他

——谈助人

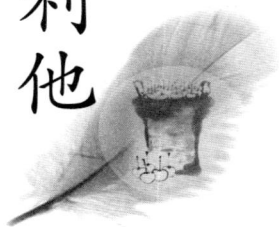

能付出的人生，最快乐也最踏实。

（一九九四年二月廿七日全省联谊会）

奉献付出后的心灵享受，就是净土。

（一九九六年四月廿七日同仁朝山）

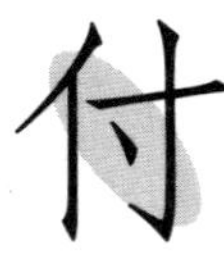

付出不在多少，他人能受用，就是最大的爱。

（一九九六年七月二日晨语）

随分随力，涓滴爱心可累积成就大业。

（一九九七年三月十日委员慈诚培训）

值得付出的事，有欢喜心，就是法喜。

（一九九七年十一月九日培训委员慈诚）

踏实的人生，在于付出爱心、有成就感，而欢喜自在。

（一九九七年十二月廿八日志工早会）

人的同时，也是净化自己。

（一九九八年四月廿九日外宾访谈）

得运用时间利益人群，就是幸福。

（一九九八年十二月廿九日海外慈青受证）

虔诚的心为人群付出、尽一分力量，功德就很大。

（一九九九年三月七日全省委员联谊会）

生本应互助，以大爱付出，能感恩接受，都是力量。

（一九九九年七月九日志工早会）

出一分功能，就有一分慧命成长。

（一九九九年十月廿四日志工早会）

心要付出，就有无限的能力。

（一九九九年十月廿六日外宾访谈）

人付出一分爱，能转危机为生机，转祸为福。

（一九九九年十二月廿三日志工早会）

“工”是将真诚的爱，当作生命的一部分，并身体力行的人。

（二〇〇一年二月十日医事青年成长营）

出无所求，是最大的成就。

（二〇〇二年十二月三日志工早会）

容、柔软、体贴、付出，是爱的表达。

（二〇〇三年一月三日北区岁末祝福）

好人愈多，苦难的人会愈少。

（二〇〇三年四月廿二日与同仁谈话）

助人不仅是美德，也是心灵一大享受。

（二〇〇三年十月十四日志工早会）

能先付出爱心，就能得无数人的爱。

（二〇〇四年一月十七日志工早会）

世间苦难，能启动人的爱心；只要有一分付出，就会有一分感动。

（二〇〇四年二月十三日志工早会）

诚的爱最动人，无私付出最可贵。

（二〇〇四年三月十三日志工早会）

苦的人走不过来，有福的人就要走过去。

（二〇〇四年三月十七日志工早会）

力量帮助他人，是自己的福。

（二〇〇四年六月十八日志工早会）

用时间体会人生，融会道理，不但能成就自己也能帮助他人。

（二〇〇四年十月十九日同仁人文营）

重生命，需把握时间利益人群。

（二〇〇六年三月六日志工早会）

【第十六篇】

一线之隔

——谈善恶

正路走、做好事，是最恳切的虔诚。

（一九九六年三月二十日慈诚共修）

凡事不知足，就会不满意；不满意，就会有遗憾。

（一九九六年七月四日晨语）

求享受的人生，是一片空白。

（一九九八年八月廿六日志工早会）

妒心是无形的利器，伤人又不利己。

（一九九八年七月廿八日晨语）

憎，是丑化自己的人生。

（一九九八年七月廿八日晨语）

势如绳索，捆绑身心，不得自在。

（二○○○年九月十一日晨语）

习应及时戒除；忍一时辛苦，能得一世幸福。

（二○○○年十一月十二日静思生活营）

事善解，才能化瞋怒为柔和。

（二○○○年十二月二十日晨语）

自己找借口，就不会进步。

（二〇〇〇年十二月三十日北区岁末祝福）

善念生，就会善解；恶念消，就不会作恶，则灾难自然远离。

（二〇〇二年六月二十日与大爱台同仁座谈）

灾无法抗拒，善念却能消弭灾难。

（二〇〇二年九月六日委员慈诚）

念是无限的财富。

（二〇〇三年九月廿六日慈诚懿德会）

念贪，会造成苦的果。

（二〇〇三年十二月廿九日台中授证暨岁末祝福）

心贪婪不息，天灾人祸不止。

（二〇〇四年一月十二日志工早会）

量用对方向，就是亮丽的人生；用错方向，则步步都是陷阱。

（二〇〇四年五月廿四日志工早会）

合人人的善，才是真正的大善；有大善的力量，才能风调雨顺人人平安。

（二〇〇六年五月廿一日麻豆环保站）

对的事，认真投入；远离不对的事，就能转苦为福。

（二〇〇六年九月九日志工早会）

一念错，则步步皆错；一念善，则事事造福。

（二〇〇六年十一月十日志工早会）

行善者得快乐，造恶者受苦难。

（二〇〇七年九月三日志工早会）

觉者，把握刹那为永恒；迷者，虚度光阴后悔迟。

（二〇〇八年二月九日晨语）

顺天理，就有福；逆道而行，平安难求。

（二〇〇八年四月十四日志工早会）

善者，让人感恩；为恶者，令人烦恼。

（二〇〇九年二月十三日志工早会）

下的心念——好的，应精进；不好的，应去除。

（二〇〇九年四月廿七日志工早会）

【第十七篇】

疼惜大地

——谈环保

护大地，需从建设人心开始。

（一九九六年九月十一日北区委员联谊会）

林有生机，人才能安居。

（一九九六年八月廿三日志工早会）

丢我捡——丢者消福；捡者拾福。

（一九九七年一月十三日北区岁末祝福）

正的环保，是爱山、爱海，爱惜一切万物。

（一九九七年二月廿三日全省联谊会）

要清净，做好内外环保——爱惜地球资源，照顾人生资源。

（一九九七年十月二日高雄环保志工）

放下身段，弯下腰做资源回收，是真正的去我相、灭我执。

（一九九七年十月五日中区环保志工）

源回收的目的，在于提倡与教育人人懂得惜福。

（一九九七年十二月十四日环保志工寻根）

爱大地，就是疼爱众生。

（二〇〇〇年十二月四日中区岁末祝福）

于自然法则，万物才能相安无事，相生相成。

（二〇〇二年二月十九日与志业主管座谈）

圾变黄金，黄金变爱心，爱心化清流，清流绕全球。

（二〇〇二年四月十一日南区环保志工联谊）

望大地资源不短缺，必须从懂得珍惜开始。

（二〇〇二年六月廿二日志工早会）

环保的手，是最美的手。

（二〇〇三年十一月三十日中区授证暨岁末祝福）

要救世，就要做环保——心灵环保、社会环保、地球环保。

（二〇〇七年二月十六日志工早会）

人人要疼惜自己，也要疼惜大地。

（二〇〇七年三月五日志工早会）

人依止在大地之上，为地球尽一分心，是本分事也是使命。

（二〇〇七年三月十日志工早会）

可用的物资，都是值得珍惜的宝。

（二〇〇七年七月八日志工早会）

食可让身心健康，又能保护地球。

（二〇〇七年二月廿二日志工早会）

要碳平衡，必须先心平衡。

（二〇〇七年三月廿六日志工早会）

做环保，除了净山、净海、净大地之外，也要净心田。

（二〇〇七年四月廿三日志工早会）

惜大地，要从人人的足下起步。

（二〇〇七年五月四日志工早会）

人人心中涌现净水，才能拯救发烧的地球。

（二〇〇七年六月三十日志工早会）

不只爱人，还要爱地球；土地平安，人才能平安。

（二〇〇七年八月九日志工早会）

克己，则能减少碳足迹。

（二〇〇八年一月廿六日花莲岁末祝福）

内在的心灵环保先落实生根，就能做到深度的外在环保。

（二〇〇九年二月十一日志工早会）

造福人间、庇护地球，都需从自己做起。

（二〇〇九年二月十六日志工早会）

【第十八篇】清淡平实

——谈生活

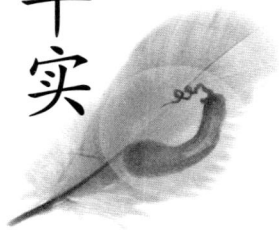

活若简朴，人生就幸福。

（一九九六年十一月九日培训委员皈依）

心平淡，才有平安的福。

（一九九八年三月七日志工早会）

要有信心与爱心，每天都是健康与平安。

（一九九九年十二月廿七日志工早会）

足则有福，不知足则招祸。

（二〇〇三年八月廿五日晨语）

若不知福、不懂得感恩，只是多消福。

（二〇〇三年十一月廿九日中区授证暨岁末祝福）

天苦恼不够、不足，是富有的穷人。

（二〇〇四年九月廿九日国际慈济人医会）

果人人能节省、惜福，贫穷就不存在。

（二〇〇五年十二月十三日环保志工）

勤则富，少欲不贫。

（二〇〇六年一月八日志工早会）

克己则安，放纵则危。

（二〇〇七年四月十三日志工早会）

懂得克勤，就不会堕落；懂得克俭，就是有福人生。

（二〇〇八年二月二日第十三届慈青薪传营）

简朴的人生是美德。

（二〇〇八年三月十六日志工早会）

凡事因贪而贫，去贪就简，克己勤俭即能兴家。

（二〇〇八年十月十七日志工早会）

能过清淡生活，最知足；有余力帮助他人，最富有。

（二〇〇八年十月廿一日志工早会）

金融风暴不可怕，可怕的是心灵风暴；景气不好不必惊慌，怕的是人心不安。

（二〇〇八年十二月廿九日人文志业主管座谈）

不景气时，应自我教育去除贪婪、克勤固本，才能保安康。

（二〇〇九年一月二十日志工早会）

莫轻视小钱，积少成多能大用；勿养成挥霍，固本朴实顾元气。

（二〇〇九年一月二十日志工早会）

感恩心疼惜大地万物，生活简单就无缺。

（二〇〇九年二月八日志工早会）

清

清淡淡地生活，自然就平平安安。

（二〇〇九年二月廿七日高雄慈济人座谈）

证严上人著作·静思法脉丛书

《静思语》系列:

静思语第一、二、三合集(典藏版)	定价:58 元(绸面精装)
静思语第一集	定价:20 元
静思语第二集	定价:22 元
静思语第三集	定价:20 元
静思小语(全八册)	定价:35 元(两册,绸面精装)

人生系列:

说法无量义无量	定价:49.50 元
年年三好三愿	定价:48.80 元
孝的真谛——幸福人生第一堂课	定价:38 元
孝为人本——世界和平的守护力量	定价:38 元
回归清净本性	定价:48 元
人生经济学	定价:20 元
心宽念纯	定价:23 元
清平致福	定价:23 元
撒下好命的种子	定价:23 元
与地球共生息	定价:25 元
一秒钟和一辈子	定价:25 元
过关	定价:25 元
生活的智慧	定价:18 元

证严上人说故事	定价：20 元
生死皆自在	定价：25 元
清净在源头	定价：25 元
欢喜自在	定价：20 元
买智慧——证严上人说故事 1(漫画版)	定价：20 元
女神与吉祥草——证严上人说故事 2(漫画版)	定价：20 元
诚实的商人——证严上人说故事(绘本)	定价：35 元

佛典系列：

法譬如水——慈悲三昧水忏讲记(全五册)	定价：170 元
净因三要	定价：20 元
三十七道品讲义(上、下册)	定价：23—25 元／册
三十七道品偈颂释义	定价：20 元
心灵十境——菩萨十地	定价：18 元
八大人觉经	定价：20 元
救世救心八大人觉经	定价：20 元
人有二十难	定价：20 元
调伏人生二十难	定价：20 元
佛遗教经	定价：20 元
无量义经	定价：25 元
无量义经偈颂	定价：48 元
佛门大孝地藏经 (附赠《用一生报父母恩》光盘)	定价：48 元
东方琉璃药师佛大愿(上、下卷)	定价：49.80 元
凡人可成佛	定价：20 元
父母恩重难报经	定价：28 元

四十二章经	定价：25 元
证严上人思想体系探究丛书(第一辑)	定价：75 元
真实之路	定价：45 元
静思语真善美花道	定价：48 元

人文相关著作・慈济宗门丛书

证严上人琉璃同心圆	定价：38 元(法式精装)
心灵的故乡——静思精舍巡礼	定价：34.50 元
清净赤子心	定价：33 元
考验——证严上人面对挑战的智慧	定价：25 元
无籽西瓜	定价：26 元
心灵四神汤	定价：26 元
静思语的智慧人生	定价：20 元
静思语的富足人生	定价：20 元
读静思语学英文(上、下册)	定价：22 元／册

图书在版编目(CIP)数据

静思语第一、二、三合集(典藏版)/释证严著. —上海：复旦大学出版社，2010. 1(2025. 3 重印)
(证严上人著作·静思法脉丛书)
ISBN 978-7-309-06887-0

Ⅰ. 静… Ⅱ. 释… Ⅲ. 佛教-人生哲学-通俗读物 Ⅳ. B948-49

中国版本图书馆 CIP 数据核字(2009)第 165437 号

慈济全球信息网：http://www. tzuchi. org. tw/
静思书轩网址：http://www. jingsi. com. tw/
苏州静思书轩：http://www. jingsi. js. cn/

静思语第一、二、三合集(典藏版)
释证严 著
责任编辑/邵 丹

复旦大学出版社有限公司出版发行
上海市国权路 579 号 邮编：200433
网址：fupnet@fudanpress. com http://www. fudanpress. com
门市零售：86-21-65102580 团体订购：86-21-65104505
出版部电话：86-21-65642845
浙江新华数码印务有限公司

开本 890 毫米×1240 毫米 1/32 印张 12. 5 字数 290 千字
2025 年 3 月第 1 版第 18 次印刷
印数 214 201—219 300

ISBN 978-7-309-06887-0/B·330
定价：62. 00 元

ISBN 978-7-309-06887-0
01>
9 787309 068870
定价：62.00元